自治体
クラウドファンディング

地域創生のための活用策

佐野修久 [著]

学陽書

はじめに

　事業の趣旨に共感した不特定多数の人々からインターネットを介して小口の資金を集めるクラウドファンディングが広がりをみせている。

　クラウドファンディングは、国内では東日本大震災からの復旧・復興を支援するために活用されて注目を集め、その後、地方創生や社会課題解決のための手段として活用されてきた。最近では、新型コロナウイルス感染拡大に伴う医療・福祉関係者に対する支援、病院や介護施設等への医療物資の提供、休業要請等により深刻な影響を受けた事業者に対する支援等において活用が進み、改めてその重要性が認識されている。

　クラウドファンディングは、事業者において必要資金の調達を図るための重要なツールとなるが、それだけにはとどまらない。共感した事業に資金を提供した方々は、当該事業への参加意識や当事者意識をもち、当該事業を支援する強力なファンになる。それに伴い、当該事業で生産された商品・サービスの購入や知人等への紹介をしてくれることになり、販路拡大につながるマーケティング・ツールとしての役割を果たす。加えて、様々なアドバイス・提案もしてくれることで、商品・サービスのブラッシュアップ・ツールとしても機能することになる。

　その結果、クラウドファンディングの活用は、地域の事業者の成長、地場産品の振興、まちづくりの推進、これらを通じた地域の稼ぐ力や域内循環力の向上など、地域に大きな効果をもたらすことにつながり得る。

　こうした流れを踏まえ、地方自治体においても、クラウドファンディングを活用する動きがあらわれている。地方自治体がクラウド

ファンディングを活用するケースとしては、

①自治体自らが実施する事業における資金調達の手段【歳入確保型
　（ガバメント・クラウドファンディング）】

②自治体の関与する PPP（Public Private Partnerships、公民連
　携）事業における資金調達の手段【PPP 活用型】

③地域の事業者における資金調達等を支援することを通じた政策実
　現の手段【政策実現型】

等が考えられる。いずれの場合にも、クラウドファンディングを上
手に活用することにより、先に示した効果を獲得でき、自治体に
とっても、地域にとっても有効な政策ツールとすることができる。

　本書では、まずクラウドファンディングの役割、仕組み、様々な
形態等について説明した上で、地方自治体がクラウドファンディン
グを活用する方法や仕組み等について、上記の三つのケースに分け、
多様な事例をまじえつつ紹介している。さらに、政策実現型のクラ
ウドファンディングに焦点をあて、実際にこれを活用したことによ
る効果、より効果を高めるための方策・課題等について、事例をも
とに考察している。本書が、地方自治体におけるクラウドファン
ディングの効果的な活用、それによる地域の創生に寄与するものと
なれば幸いである。

　最後に、本書のとりまとめに当たり、快く筆者の研究にご協力い
ただいた行政・企業等の関係者の方々、学陽書房の皆様に、この場
を借りて感謝の意を表したい。

2022年 8 月　佐野　修久

目 次

第2編　地方自治体における クラウドファンディングの活用

第6章 PPP 活用型クラウドファンディング ―PPP 事業における資金調達

第7章 政策実現型クラウドファンディング ―地域の民間主体の資金調達等の支援

第3編　政策実現型クラウドファンディングの効果の検証

第 1 編

クラウドファンディング
のあらまし

第1章 クラウドファンディングの役割と仕組み

1 市民資金（ファイナンス）とは

　特定の事業の社会的意義に共感し、これに参加・協力したいという主体的な意志をもった地域内外の不特定多数の人々から提供される資金がある。例えば、自然災害で被災した地域の復旧・復興、廃線危機にあるローカル鉄道の維持、お城の天守閣の復元、動物園の目玉となる動物の購入、地域のプロスポーツチームの応援、地域の資源を活用した特産品の開発・生産、歴史ある施設のリノベーション、再生可能エネルギー発電施設の整備など、多様な場面で、これらの取り組みを応援したいと思う方々から資金の提供を受け、事業の実現が図られている。筆者は、こうした志ある資金のことを「市民資金（ファイナンス）」[1] と称している。

　この市民資金（ファイナンス）の意義を構成要素として整理すると、以下のとおりである（図1-1）。

① 資金提供者の不特定性・広範性（小口性）

　篤志家など限定された方が多額な資金を提供するのではなく、地域内外の不特定多数の市民が幅広く小口の資金を提供すること。

② 事業の特定性

　地域内外の市民の提供した資金は、自ら選択した特定の事業に活用されること。

③ 市民の共感と参加意志

　市民が事業の社会的意義に共感し、自らの選択と責任のもと当該事業に参加・協力するという主体的な意志をもって、資金を提供す

```
┌─────────────────────────┐
│      ファイナンス          │
│      市民資金             │
└─────────────────────────┘
┌─────────────────────────────────────────┐
│ 1. 資金提供者の不特定性・広範性（小口性）       │
│ 2. 事業の特定性                            │
│ 3. 市民の共感と参加意志                      │
│ 4. 社会的リターンの期待                      │
│ 【社会的課題の解決、社会的価値の実現】          │
└─────────────────────────────────────────┘
```

図1-1　市民資金（ファイナンス）の構成要素

（出所）佐野（2007a）をもとに筆者作成。

ること。

④　社会的リターンの期待

　市民は、共感した事業が実行され、それを通じて社会的課題の解決、社会的価値の実現という「社会的リターン」を獲得することを期待して資金の提供を行っていること[2]。

　この市民資金（ファイナンス）のイメージを図示すると図1-2のとおりである。地域内外の不特定多数の方々が、例えば、ある地域で地場産品の開発・生産を行っている具体的な事業（A～D事業）の中から自ら共感する事業を選定し、その事業に協力・参加するために資金提供を行うことにより、当該地域における地場産品の振興という社会的価値の実現を図ろうとするものである。

　各地域においては、地場産品の開発・生産等を支援するための地域ファンドを設けているところが多いが、一般にこうした地域ファンドは、図1-3のとおり、地域内外の個人に加え、金融機関などの投資家や行政から資金提供（投資）を受け、当該ファンドから、地場産品の振興に寄与する具体的な事業に投資されることになる。この場合、投資する事業を選定するのは当該ファンドを運営するGP（General Partner）であり、実際に資金を提供する個人・投資家（金融機関等）・行政等[3]はそれに関与することはできない。そ

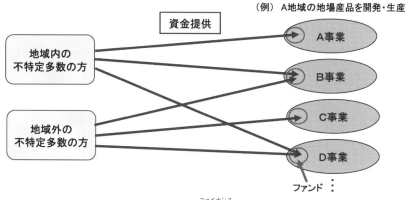

図1-2　市民資金のイメージ

（出所）筆者作成。

の結果、「事業の特定性」や「市民の共感と参加意志」等は確保されず、市民資金とは異なるものとなっている。

2 クラウドファンディングとは

クラウドファンディングとは、直訳すれば大勢の方（crowd）から資金調達（funding）することであり、事業の趣旨に共感した不特定多数の人々からインターネットを介して小口の資金を集める仕組みのことを指す[4]。

クラウドファンディングについて、前節で説明した市民資金と比較してみると、事業の趣旨に共感した不特定多数の人々から小口の資金を集めるという点は同じであり、「資金提供者の不特定性・広範性（小口性）」、「事業の特定性」、「市民の共感と参加意志」、「社会的リターンの確保[5]」という市民資金における四つの構成要素を基本的に確保するものとなっている。

クラウドファンディングの最大の特徴は、資金の提供を「インターネットを介して」受けることである（図1-4）。したがって、

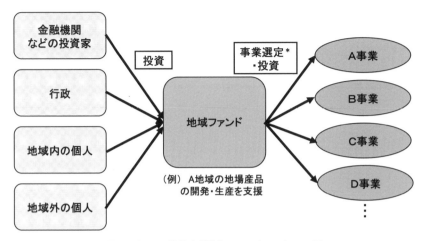

図1-3　一般的な地域ファンドのイメージ

(注) 地域ファンドが投資する事業を選定するのは、地域ファンドを運営するGP（General
　　　 Partner）である。
(出所) 筆者作成。

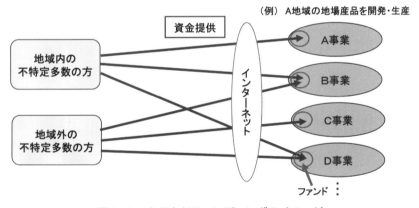

図1-4　クラウドファンディングのイメージ

(出所) 筆者作成。

　インターネットを介さない金融機関やコンビニエンスストアを通じ
た振込、担当窓口への現金の持ち込み、募金箱への募金等による資
金提供は、クラウドファンディングとは位置付けられない。
　以上を踏まえれば、資金提供を受ける方法に限定を設けていない

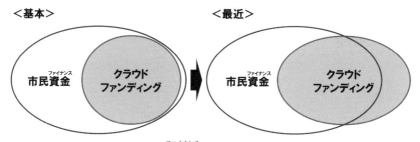

図1-5　市民資金とクラウドファンディング

（出所）筆者作成。

市民資金の方がクラウドファンディングよりも対象範囲は広く、基本的に市民資金はクラウドファンディングを包含する概念と考えることができる（図1-5）。

　一方、最近では、後述するとおり、一般にはクラウドファンディングとして取り扱われているものの中に、

・資金提供する事業を自ら選択できないもの

　【「事業の特定性」の欠如】

・当該事業の社会的意義に共感して資金提供を行い、社会的課題の解決や社会的価値の実現につなげるのではなく、単なる共感を得やすい商品の販売を行うツールとして活用しているもの（ECサイト（ネット通販）化）

　【「市民の共感と参加意志」や「社会的リターンの確保」の欠如】

など、市民資金から逸脱するタイプがあらわれる状況もみられる。

3 クラウドファンディングの仕組み

　次に、クラウドファンディングの一般的な仕組み（構造）についてみると、以下のとおりである（図1-6）。

　事業者がクラウドファンディングにより資金提供を受けるに当たり、自らが不特定多数の人に対し、インターネットを介して事業を

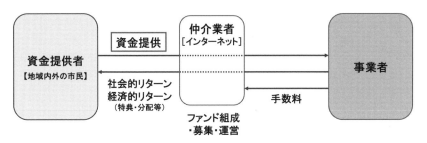

図1-6　一般的なクラウドファンディングのストラクチャー

(出所) 佐野 (2021) をもとに筆者作成。

アピールすることで共感を集め資金を獲得するのは、現実的に困難であり、それを専業とする仲介業者（プラットフォーム）の存在が不可欠になる[6]。

　仲介業者は、資金提供を受ける事業（使途）や事業者の概要に加え、当該事業に対する事業者の想い、事業の背景（ストーリー）など共感を得るためのポイント等を探り出して紹介するとともに、提供を受けたい資金の概要（募集金額、一口当たりの金額、クラウドファンディングの形態、経済的リターン等の内容など）を、インターネット上のプラットフォームに公表して資金の募集を行い、集めた資金の運営等も担う。

　資金提供者は、この仲介業者のプラットフォーム上に公表された情報をみて、共感し応援したいと思う事業を選択し、仲介業者を通じて資金の提供を行うことになる。

　一方、事業者は、仲介業者を介して資金を得た上で、その資金を用いて事業を行い、資金を得た対価として、当該事業の実施による社会的課題の解決や社会的価値の実現という「社会的リターン」を行うほか、形態によっては、元本、利息・配当、モノ・サービスといった「経済的リターン」を支払う。

　なお、仲介業者は、ファンドの組成、募集、運営等の仲介業務を行う対価として、事業者から手数料収入を得る。

第2章 クラウドファンディングの形態

1 市民資金（ファイナンス）の形態[7]

1 概要

　まずクラウドファンディングを包含する概念である市民資金（ファイナンス）の形態について、資金の提供を行う市民の立場から整理すると、「寄付」、「購入」、「貸付」、「債券購入」、「出資」の五つに分類される（図1-7、表1-1）。

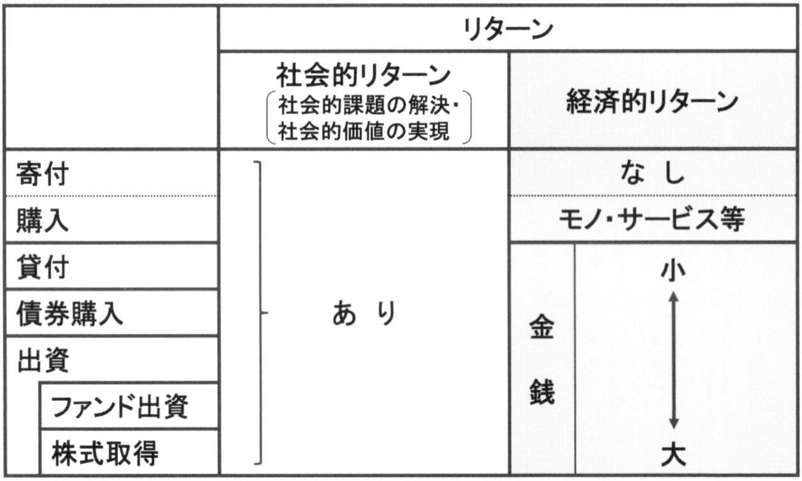

	リターン	
	社会的リターン〔社会的課題の解決・社会的価値の実現〕	経済的リターン
寄付	あり	なし
購入	あり	モノ・サービス等
貸付	あり	金銭　小
債券購入	あり	
出資	あり	
ファンド出資	あり	
株式取得	あり	大

図1-7　市民資金（ファイナンス）の形態

（注）貸付、債券購入、出資においては、金銭による経済的リターンに加え、資金提供を受けた事業で生産されたモノ・サービス等によるリターンもある場合がある。
（出所）佐野（2019b）をもとに筆者作成。

2　寄付

　寄付は、市民が共感する事業等に参加・協力するため、事業者に対し金銭を無償で提供するものであり、民法上は贈与に該当する。

　したがって、提供した資金（元本）は返済されず、利息・配当等も付されることはない。また、資金提供者として特別な権利を有することもない。

　一方、事業者が、寄付を受けたことに対する「感謝の気持ち」として、御礼状の送付、銘板等への寄付者名の記載、金銭的価値の高くはない御礼品の送付といった特典を任意で付与するケースがある。

　このように、市民資金（ファイナンス）における寄付は、基本的に経済的リターンを求めず、社会的課題の解決や社会的価値の実現という社会的リターンのみを希求する形態となる。

3　購入

　寄付を通じた市民資金（ファイナンス）が普及する中、寄付を受けた事業者が、資金提供を得ることにより生産に至った商品・サービスを資金提供者に届けたいという気持ちから、これを特典として付与するケースが増加してきた。こうした動きは、「感謝の気持ち」として金銭的価値のさほど高くないものを任意で提供する取り組みを超え、特典を提供することを前提に資金提供を受ける（市民サイドからみれば、特典を得ることを前提に資金を提供する）という取り組みを生み出すことになった。

　こうした取り組みは、無償の資金である寄付としてはそぐわないものとなるため、特典を得ることを前提とした資金提供については売買として取り扱い、購入型と称されるに至っている。

　すなわち、購入とは、市民が共感する事業等に参加・協力するために事業者に金銭を提供する一方、その見返りに当該事業等で生産されたモノ・サービス等を獲得するものであり、寄付から派生して

表1-1 市民資金（ファイナンス）の形態の概要

		寄 付	購 入	貸 付
概 要		共感する事業等に参加・協力するため、無償で金銭を提供するもの（贈与）。	共感する事業等に参加・協力するため金銭を提供する一方、その見返りに当該事業等で生産されたモノ・サービスを獲得するもの（売買）。	共感する事業等に参加・協力するため、資金の貸付を行うもの（証書方式）。
リターン				
	社会的リターン	あり	あり	あり
	経済的リターン			
	元金	なし	なし	あり（分割返済が一般的）
	利息・配当等	なし	なし	あり（利息）（柔軟性が高い）
	モノ・サービス等	なし（感謝の気持ちとして、特典を任意で付与するケースあり）	あり	特典（感謝の気持ちをあらわす御礼状等、当該事業で生産したモノ・サービス等）の提供を行うケースあり
資金提供者の権利		特になし	購入者としての権利	債権者としての権利（貸付金の返済を受ける権利）
資金提供リスク		―	モノ・サービスの獲得リスク	返済リスク（相対的に小）
事業者の勘定処理		収入（営業外収益）	収入（売上高or営業外収益）	負債
備 考		○国・地方公共団体、財務大臣の指定する公益法人等、特定公益増進法人等、認定特定公益信託、認定NPO法人に対する寄付については、個人の所得控除（所得税等）、法人の損金算入（法人税等）が可能。	―	○出資に比し、元利返済が優先される一方で金利は低い。○通常のローン（シニア・ローン）よりも元利返済が劣後するものの金利の高い劣後ローン、メザニン・ローン（いずれも出資よりは返済が優先）がある。○貸付に当たっては貸金業登録が必要との議論がある点に留意する必要がある。○会社以外の団体が貸付を受ける場合、一般に「疑似私募債」と呼称されている。

（出所）佐野（2007b）をもとに筆者作成。

債券購入	出資		
	ファンド出資 [うち匿名組合出資]	株式取得	
共感する事業等に参加・協力するため、事業者が必要資金を調達するために発行した債券を購入するもの（証券方式）。	共感する事業等に参加・協力するため、当該事業を担う主体（営業者）に対し匿名組合契約に基づき匿名で出資を行うもの。	共感する事業等に参加・協力するため、当該事業を担う主体の株式を取得し株主となるもの。	概　要
			リターン
あり	あり	あり	社会的リターン
			経済的リターン
あり （満期一括償還が一般的）	あり（配当） （匿名組合契約終了時）	あり（配当） （解散時）	元金
あり（利息）	あり（配当）	あり（配当）	利息・配当等
特典（感謝の気持ちをあらわす御礼状等、当該事業で生産したモノ・サービス等）の提供を行うケースあり	特典（感謝の気持ちをあらわす御礼状等、当該事業で生産したモノ・サービス等）の提供を行うケースあり	特典（感謝の気持ちをあらわす御礼状等、当該事業で生産したモノ・サービス等）の提供を行うケースあり	モノ・サービス等
債権者としての権利 （債券の償還を受ける権利）	出資者としての権利 （利益配当請求権）	株主としての権利 （議決権・提案権・監督是正権・利益配当請求権など）	資金提供者の権利
償還リスク （相対的に小）	分配リスク （相対的に大：貸付・債券購入（いずれもシニア）より劣後）	分配リスク （最大：再劣後）	資金提供リスク
負債	負債	資本金	事業者の勘定処理
○出資に比し、元利償還が優先される一方で金利は低い。 ○通常のシニア債よりも元利償還が劣後するものの金利の高い劣後債、メザニン債（いずれも出資よりは返済が優先）がある。 ○一般に期限途中での債券売却が可能。 ○公募債（1億円以上）の場合、幹事証券会社の引受け、有価証券届出書の提出・縦覧など条件が厳しくなるため、1億円未満の公募債、少人数私募債（49名以下）が現実的。	○通常は、貸付金や債券の元利償還に分配が劣後する一方で期待配当率は高い。 ○株式取得に比し分配が優先する一方、期待配当率は低い。 ○会社サイドにとっては「資本」ではなく「負債」として取り扱われ、配当も費用として損金算入可能。 ○ファンド出資を得るための主体としては、匿名組合のほか任意組合、投資事業有限責任組合、資産流動化法に基づく特定目的会社など多様な主体・方法がある。	○貸付金や債券、ファンド出資に比し分配が最劣後となる一方で期待配当率が最も高い。 ○通常の「普通株」（最劣後）のほか、議決権を有さない一方で分配が優先される「優先株」がある。	備　考

生まれた形態ということができる。

　このように、市民資金（ファイナンス）における購入は、社会的リターンに加え、経済的リターンを金銭ではなくモノ・サービスにより受け取る形態となる[8]。

4　貸付

　貸付は、市民が共感する事業等に参加・協力するため、事業者に対し金銭を貸し付ける形態であり、両者間で金銭消費貸借契約を締結する証書方式をとる。

　貸付の場合、提供した資金（元本）は利息を付して返済されることが基本となり、期限までに「分割返済」する方式がとられることが多い。また、利息額（利率）の設定は、リスクに応じた水準とするのが原則である一方、市民資金（ファイナンス）では貸付を行う者と受ける者との市場を介さない相対取引となるため、比較的柔軟に設定されるケースも多い。

　このように、市民資金（ファイナンス）における貸付は、経済的リターン（元本・利息）を金銭により受け取る形態である[9]。一方、こうした金銭的なリターンに加え、事業者から特典の提供（「感謝の気持ち」としての御礼状等の送付、資金提供を得ることにより生産したモノ・サービス等の提供）を受ける場合もある。このうち資金提供を得ることで生産したモノ・サービス等を受け取る場合は、金銭とモノ・サービスの両方を経済的リターンとして得る形となり、モノ・サービスを獲得する分、金銭的なリターン（利息）は小さくなるのが一般的である。

　なお、貸付金を、
① 　一般的な貸付である「シニア・ローン」
② 　元利償還が「シニア・ローン」より劣後扱いとなる一方、リスクが高くなる分、得られる利息（利率）が高くなる「劣後ローン」
③ 　元利償還の優先順位（リスク）・金利水準ともに、「シニア・

ローン」と「劣後ローン」の中間となる「メザニン・ローン」
など優先劣後関係によって分類し、その中から資金提供者のニーズ
に基づき選択し資金の提供をしてもらう形をとることも可能である。
　なお、貸付に当たっては、貸金業登録が必要との議論がある点に
は留意が必要である。

5　債券購入

　債券購入は、市民が共感する事業等に参加・協力するため、事業
者が発行する債券を購入する形態である（証券方式）。
　債券購入の場合、貸付同様に、提供した資金（元本）は利息を付
して償還されることが基本となり、経済的リターンを金銭により受
け取る形態となる[10]。その際、貸付同様、金銭的なリターンに加え、
事業者が特典の提供（「感謝の気持ち」としての御礼状等の送付、
資金提供を得ることで生産したモノ・サービス等の提供）を行う場
合もある。
　また、発行する債券をシニア、劣後、メザニンなど優先劣後関係
のもとで分類し、資金提供者のニーズに応じて選択してもらうこと
も可能である。
　一方、貸付と異なる主な点としては、
①　元本の返済・償還方法が、貸付の場合、期限までの分割返済が
　　一般的であるのに対し、債券購入の場合には満期一括償還が一般
　　的なこと
②　貸付の場合、前記のとおり利率を比較的柔軟に設定できるのに
　　対し、債券購入の場合は市場レートが基本になること
③　債券購入は貸付と異なり証券方式であるため、債券購入者は、
　　償還期限を待たずに当該債券を市場で売却することができること
等があげられる。

6 出資

　出資は、市民が共感する事業等に参加・協力するため、事業者に対し出資を行う形態であり、

① 企業の発行する株式を取得（出資）し株主となる**株式取得**
② 事業者の設定したいわゆるファンドに対して出資を行う**ファンド出資**

がある。

　いずれの場合も、出資においては、基本的に資金提供者（出資者）が提供した資金に対する配当、すなわち経済的リターンを金銭で得ることを期待するものとなる。その際、貸付や債券購入同様に、金銭的なリターンに加え、事業者から特典の提供（「感謝の気持ち」としての御礼状等の送付、資金提供を得ることで生産したモノ・サービス等の提供）を受ける場合もある。

　出資した元本については、株式取得の場合には当該企業の解散時[11]に、ファンド出資の場合には契約終了時までに分配されることになる。一方、出資は、貸付や債券購入に劣後して元本分も含めた配当がなされるリスクの高い形態であるため、期待した収益が確保されない場合には分配を得られない可能性がある反面、期待以上の収益を確保できた場合には予想を上回る分配を得られることになる。このように出資においてはリスクが高くなる分、期待分配率、すなわち経済的リターンをより高く求める形態となる。

　出資のうち株式取得において、出資者は、議決権、提案権、監督是正権、利益配当請求権など、当該企業の株主としての権利をもつことになる。また、出資により取得する株式には、通常の「普通株」のほか、議決権をもたない一方で配当が普通株に優先する「優先株」があり、発行する株式をこうした優先劣後関係によって分類した上で、資金提供者のニーズに応じて選択してもらうことも可能である。

　ファンド出資においては、匿名組合、任意組合、投資事業有限責

任組合、資産の流動化に関する法律（以下、資産流動化法）に基づく特定目的会社など、多様な出資を受ける形態があるが、本書では、これらのうち最も多く活用されている匿名組合出資について紹介する。

匿名組合出資は、当該事業を担う主体（営業者）に対し、市民が商法上の匿名組合契約に基づき匿名で出資を行う形態である。これは、事業者（営業者）と資金を出資する組合員が、事業から発生する損益分配を約束する契約であり、出資者は、事業者（営業者）に経営の一切を委ね、営業者から当該事業で得た利益の分配を受けるものである。すなわち、出資者は、株式取得とは異なり、議決権、提案権、監督是正権は有せず、利益配当請求権のみをもつことになる。また、提供した資金を原資に実施された事業で得られた利益から配当が得られるとともに、元金も匿名組合契約終了後に返済されることが前提となる。

なお、当該資金は、資金提供を受ける事業者（営業者）にとっては、「資本」ではなく「負債（預り金）」として取り扱われ、支出する配当も損益計算上の費用として損金算入が可能とされており、株式取得とは異なる財務上のメリットも有する形となっている。

7　市民資金（ファイナンス）における形態の違い

こうした市民資金（ファイナンス）の5形態は、資金提供者の得る経済的リターンの有無・内容によって分類される（図1-7）。

すなわち、無償の資金である寄付は基本的に経済的リターンを求めない形態であるのに対し、購入は資金提供を行った事業者が生産したモノ・サービス等を経済的リターンとして受け取る形となる。一方、貸付、債券購入、出資（ファンド出資、株式取得）は提供した資金（元本）を含め金銭による経済的リターンを得るものである[12]。

これら金銭により経済的リターンを得る3形態のうち出資は、貸

付や債券購入に劣後して元本分を含めた分配がなされるためリスクが高く、その分、貸付や債券購入よりも高い経済的リターンを求めることになる。また貸付と債券購入においては、前者が一般に分割返済であるのに対し、後者は満期一括償還となるため、その分リスクがやや高く、経済的リターンが高めに設定されることになる[13]。

なお、出資においては、株式取得の方がファンド出資よりも分配が劣後しリスクが高いため、その分経済的リターンが高く設定されることが原則となる。

このように、金銭による経済的リターンを得る形態においては、リスクに応じ、貸付＜債券購入＜出資（ファンド出資）＜出資（株式取得）の順で経済的リターンが大きく設定され、そこに形態間の違いがあらわれるものとなっている。

2 クラウドファンディングの形態[14]

1 概要

クラウドファンディングは、前記のとおり基本的に市民資金（ファイナンス）の一部と位置付けられることから、その形態は、基本的に市民資金（ファイナンス）と同じと考えられる。しかし、インターネットを介した貸付や債券購入を取り扱う仲介業者が存在しないこともあり、現段階では、寄付型、購入型、投資型[15]（ファンド出資型、株式取得型）の3形態が活用されている（図1-8）。これらの形態は、市民資金（ファイナンス）同様、資金提供者が獲得する経済的リターンの有無・内容・大きさによって分類される。

一方、クラウドファンディングの形態について、寄付型、購入型、貸付型、投資型の4形態として示されることも多く[16]、国でもそのような整理をベースにおいている[17]。

これは、前記のとおり仲介業者がいないため債券購入と同様にクラウドファンディングでは活用されていないはずの貸付が加わる形

クラウドファンディングの形態（現段階）	リターン	
	社会的リターン 社会的課題の解決・社会的価値の実現	経済的リターン
寄付型	あり	な　し
購入型		モノ・サービス
投資型		金　銭 （配当）
ファンド出資型		
ファンド出資型（狭義）		
貸付型		
株式取得型		

図1-8　クラウドファンディングの形態

（出所）佐野（2021）をもとに筆者作成。

になっており、不自然である。しかし、上記4形態に位置付けられている貸付型は、後述するとおり、事業者が資金提供者である市民から貸付を受けるのではなく、仲介業者が資金提供者からファンド出資を受けて集めた資金を事業者に貸し付ける形態を指しており、この形態だけ仲介業者の立場からみた格好になっている。したがって、一貫して資金提供を行う市民の立場から分類するならば、貸付型はファンド出資型における形態の一つと位置付けることが妥当と考えられる（図1-9）。

　さて、クラウドファンディングの市場規模は、2020年度段階で1,842億円に達している（図1-10)[18]。

　活用されている形態は、金額的には投資型（ファンド出資型）における貸付型が最も多く（全体の68％）、それに次ぐ寄付型・購入型（同30％）と合わせると98％を占めるものとなっている（図1-11)[19]。

　以降、市民資金（ファイナンス）の形態と重複する部分もあるが、これら各形態の概要や構造等について紹介する（表1-2）。

市民資金 の形態	クラウドファンディング の形態（現段階）		一般的に示されている クラウドファンディング の形態【参考】
寄付	寄付型		寄付型
購入	購入型		購入型
貸付	―		貸付型
債券購入	―		―
出資	投資型		投資型
ファンド出資	ファンド出資型		ファンド出資型
	ファンド出資型（狭義）		
	貸付型		
株式取得	株式取得型		株式取得型

図1-9　市民資金とクラウドファンディングの形態の比較

（出所）佐野（2019b）をもとに筆者作成。

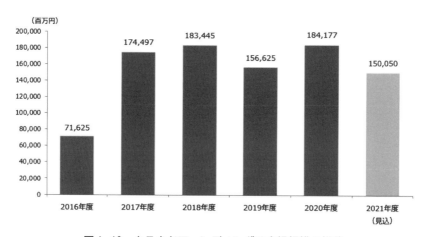

図1-10　クラウドファンディングの市場規模の推移

（出所）矢野経済研究所（2021）。

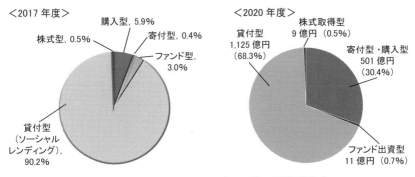

図1-11　クラウドファンディングの形態別構成

（出所）矢野経済研究所（2018）。

（出所）一般社団法人日本クラウド
ファンディング協会（2021）
をもとに筆者作成。

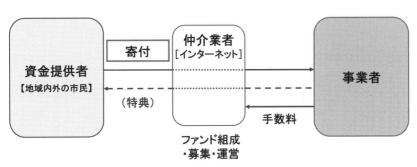

図1-12　寄付型クラウドファンディングのストラクチャー

（出所）筆者作成。

2　寄付型

　寄付型は、事業に共感し参加・協力したいと考える不特定多数の市民が、仲介業者を介しインターネットを活用して、事業者に金銭を無償で提供する形態である。提供した資金（元本）は返済されず、利息・配当等が付されることもない（図1-12）。一方、事業者が、寄付を受けたことに対し、御礼状の送付、銘板等への寄付者名の記載、金銭的価値の高くはない御礼品の送付といった特典を、「感謝

表1-2 クラウドファンディングの形態の概要

形態	概要	経済的リターン			資金提供者としての権利等	仲介業者としての資格
		金銭		モノ・サービス等		
		元金	利息・配当等			
寄付型	共感する事業等に参加・協力するため、無償で金銭を提供するもの(贈与)。	なし	なし	なし(感謝の気持ちとして、特典を任意で付与するケースあり)	特になし	なし
購入型	共感する事業等に参加・協力するため金銭を提供する一方、その見返りに当該事業等で生産されたモノ・サービスを獲得するもの(売買)。	なし	なし	あり	購入者としての権利	なし
投資型　ファンド出資型(投資)[うち匿名組合出資]	共感する事業等に参加・協力するため、当該事業を担う主(営業者)に対し匿名組合契約に基づき匿名で出資を行うもの。	あり(配当)(匿名組合契約終了時)	あり(配当)	特典(感謝の気持ちをあらわす御礼状等、当該事業で生産したモノ・サービス等)の提供を行うケースあり	出資者としての権利(利益配当請求権)	第二種金融商品取引業者(第二種少額電子募集取扱業者)
投資型　貸付型	仲介業者に対し匿名組合契約に基づき匿名で出資を行い、集まった資金を(仲介業者が事業者に対し貸し付けるもの(仲介業者は事業者に貸し付けを行い、返済のあった元利金を資金提供者に分配)。	あり(配当)(匿名組合契約終了時)	あり(配当)	—	出資者としての権利(利益配当請求権)	第二種金融商品取引業者(第二種少額電子募集取扱業者)資金移動登録業者
投資型　株式取得型	共感する事業等に参加・協力するため、当該事業を担う主体の株式を取得し株主となるもの。	あり(配当)(解散時)	あり(配当)	特典(感謝の気持ちをあらわす御礼状等、当該事業で生産したモノ・サービス等)の提供を行うケースあり	株主としての権利(議決権、提案権・監督是正権・利益配当請求権など)	第一種金融商品取引業者(第一種少額電子募集取扱業者)

(注) 詳細は表1-1参照。
(出所) 筆者作成。

の気持ち」として任意で付与することもある。

　寄付型は無償資金であるため、資金提供者が経済的リターンを得なくとも協力したいと感じる、より共感性の高い事業であることが求められる。このため、自然災害からの復旧、社会的弱者の支援、地域における歴史ある建築物の保存といった社会性の高い事業のほか、地域で開催するイベント等において活用されることが多く、総じて募集金額も大きくはない。

　インターネットを活用した寄付型の仲介を担う主な業者は表1-3のとおりであり、基本的に購入型も併せて取り扱っている。寄付型・購入型の仲介業務を行うに当たり、特に資格・許可等を要しないこともあり、他の形態に比べこの分野の仲介業者が断然に多い状況にある。この中で、地方新聞社等を中心に、取り扱うエリアを限定した地域特化型の仲介業者も増加している。

　一方、多くの事業者が参入した結果、仲介業者間の競争が激しくなっており、CAMPFIRE における FAAVO の事業譲受、トラストバンクにおけるジャパンギビングの譲受、MOTTAINAI もっとの撤退など、特に寄付型・購入型において仲介業者の再編が進みつつある。

3　購入型

　購入型は、共感した事業に不特定多数の市民が参加・協力するため、仲介業者を介しインターネットを活用して事業者に金銭を提供する一方、その見返りとして当該事業等で生産されたモノ・サービスを獲得する形態である（図1-13）。すなわち、購入型は、経済的リターンをモノ・サービスにより受け取る形態となる。

　前記のとおり、購入型は、寄付を受けた事業者が、提供を受けた資金を活用して開発・生産した商品・サービスを、感謝の気持ちの延長（特典）として資金提供者に付与するケースが増加する中、こ

表1-3　寄付型・購入型における主なクラウドファンディング仲介業者

形　態	仲介業者名	備　考
寄付型・購入型	Makuake	2019/11 に東証マザーズ上場
	READYFOR	
	GREEN FUNDING	
	CAMPFIRE	FAAVO を 2018/5 に事業譲受
	kibidango	
	トラストバンク	ふるさとチョイス等の運営、ジャパンギビングの運営会社を 2019/12 に譲受
	Motion Gallery	
	Enj!NE	
	MOTTAINAI もっと	毎日新聞、伊藤忠商事、全国信用協同組合連合会、ミュージックセキュリティーズが連携 2022/3 をもってサービス停止。
	A-port	朝日新聞系
	未来ショッピング	日本経済新聞系
	idea market	読売新聞系
	White Canvas	産経新聞系
	FAN AKITA	秋田魁新報等
	にいがた、いっぽ	新潟日報等
	YELLFUND	神戸新聞
	ACTNOW	北海道に特化

（出所）一般社団法人日本クラウドファンディング協会（2021）等をもとに筆者作成。

うした特典提供を前提とする資金調達は、無償の資金である寄付としてはそぐわないため、売買として取り扱うということになった、いわば寄付型からの派生型である。

　このため、当初は、資金提供者が少々の特典という経済的リターンだけでも協力したいと感じる、共感性の高い事業であることが求められ、社会性の高い事業において活用されることが多かった。

　こうした寄付型の派生型となる購入型の事業では、提供した資金の対価として獲得するモノ・サービスは、提供した資金の金額より

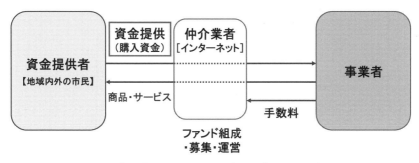

図1-13　購入型クラウドファンディングのストラクチャー

（出所）筆者作成。

表1-4　購入型クラウドファンディングの推移

時期	提供資金と商品・サービスの価格の関係	差の要因	備考
当初～	提供資金＞獲得する商品・サービスの価格	＋共感分	―
数年前～	提供資金≒獲得する商品・サービスの価格	―	ECサイト（ネット通販）化
直近～	提供資金＜獲得する商品・サービスの価格	―プレミアム分	

（出所）筆者作成。

小さいものであったが、近年、こうしたタイプとは違うものも多くあらわれてきている（表1-4）。

　第一に、資金提供を行う金額と獲得する商品・サービスの価格がおよそ同じであるタイプである。これは、クラウドファンディングのECサイト（ネット通販）化と位置付けることができ、単に共感を得やすい商品を、インターネットを介して販売するためのツールとしているにほかならない[20]。このため、事業の社会的意義に共感してそれに参加・協力しようと資金提供を行い、社会的課題の解決

や社会的価値の実現につなげる市民資金ファイナンス／クラウドファンディングからは逸脱するものとなっている（「市民の共感と参加意志」、「社会的リターンの期待」の欠如）。

　第二に、直近では、資金提供を行う金額に比べて獲得するモノ・サービスの価格の方が大きいタイプもあらわれている。例えば、新型コロナウイルスの感染拡大に伴う外出自粛要請、飲食店に対する休業・短縮営業要請等により、地域の飲食店を巡る経営環境が厳しさを増す中、これら飲食店を支えるため、地域内外の不特定多数の方々がインターネットを介して支援資金を提供する「地域飲食店応援クラウドファンディング（みらい飯）」という取り組みが、各地で進行している（図1-14）。

　当該事業においては、

① 　地域の飲食店を応援するために寄付をし、それにより集まった資金を、商工会議所を通じて地域内の登録飲食店に均等に配分する「地域応援コース」【寄付型】

② 　応援したい飲食店を指定して資金提供し、商工会議所を通じてその飲食店に資金を届ける「店舗指定コース」【購入型】

という二つのコースが設定されている。

　このうち前者の「地域応援コース」は、寄付型のため、資金提供者に対し「感謝の気持ち」として御礼メッセージだけが届けられる。一方、後者は購入型であるため、指定した飲食店から食事券が届けられるが、その金額は、提供した資金に20％分のプレミアムが上乗せされたものとなっている。

　このように、提供する資金の金額に比べて獲得するモノ・サービスの価格が小さい従来型に加え、最近では、両者がおよそ同額であるECサイト（ネット通販）化したタイプ、提供する資金の金額より獲得するモノ・サービスの価格の方が大きいプレミアムの付くタイプがあらわれており、購入型も多様化している。

　なお、インターネットを介した購入型の仲介業者は、前記の表

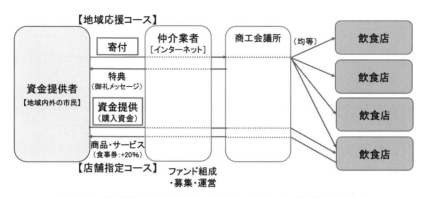

図1-14　地域飲食店応援クラウドファンディング（みらい飯）

（出所）筆者作成。

1-3のとおりであり、基本的に寄付型と併せた取り扱いがなされている。

4　投資型（ファンド出資型（狭義））

投資型は、共感した事業に参加・協力したいと考える不特定多数の市民が、仲介業者を介しインターネットを活用して出資による資金提供を行う形態である。このうちファンド出資型（狭義）は、事業者の設定したいわゆるファンドに対し出資するものであり、資金提供者は基本的に提供した資金に対する配当、すなわち経済的リターンを金銭で得ることを期待する形態となる（図1-15）。その際、金銭による経済的リターンに加え、「感謝の気持ち」としての御礼状等の送付、資金提供を得ることで生産したモノ・サービス等の提供も併せて行うケースも多くみられる。

このようにファンド出資型（狭義）は、金銭による配当（経済的リターン）を要するため、社会的意義があることに加え、一定の収益性・事業性が見込める事業であることが求められる。

ファンド出資には、匿名組合、任意組合、投資事業有限責任組合、資産流動化法に基づく特定目的会社など多様な発行主体があるが、

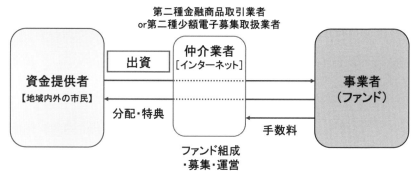

図1-15　投資型（ファンド出資型（狭義））クラウドファンディングのストラクチャー

（出所）筆者作成。

当該事業を担う主体（営業者）に対し、市民が商法上の匿名組合契約に基づき匿名で出資を行う匿名組合出資を活用するケースが大半である。最近、不動産特定共同事業法の改正[21]を踏まえ小規模不動産事業においてクラウドファンディングで資金調達を行う例もみられるが、この場合にも基本的に匿名組合出資が活用されている。

　インターネットを介したファンド出資型（狭義）の仲介業者は、表1-5のとおりであり、ファンド出資という金融商品（集団投資持分の募集）を取り扱うものとなることから、第二種金融商品取引業者としての登録[22]が求められ、その結果、寄付型・購入型に比べ仲介業者数は少ない状況にある。

　当初、ファンド出資を取り扱う仲介業者は、およそファンド出資を専業としていたが、最近では、寄付型や購入型も併せて取り扱う業者が増え、仲介業務の総合化が進行している。また、前記の不動産特定共同事業法改正を受け不動産特定共同事業に参入する業者もあらわれている。

　このほか、寄付型・購入型同様に、ある地域に特化して事業を行う仲介業者もある。

表1-5 投資型（ファンド出資型（狭義））における主なクラウドファンディング仲介業者

形　態	仲介業者名	備　考
ファンド出資型 （狭義）	Sony Bank GATE	
	ミュージックセキュリティーズ（セキュリテ）	寄付型・購入型も実施
	宙とぶペンギン	寄付型・購入型も実施
	Crowd Reality	不動産事業に特化
	CREAL	不動産特定共同事業許可事業者
	ハロー！RENOVATION	空き家・遊休不動産の利活用事業、不動産特定共同事業許可事業者 寄付型・購入型も実施
	KAIKA	山口県・広島県・福岡県を対象エリアとして活動 購入型も実施
	グローカル・クラウドファンディング	九州フィナンシャルグループ・熊本第一信用金庫・九州電力・ミュージックセキュリティーズが連携 寄付型・購入型も実施

（出所）一般社団法人日本クラウドファンディング協会（2021）等をもとに筆者作成。

5　投資型（貸付型）

　投資型のうち貸付型は、市民が仲介業者の設定したいわゆるファンドに対し、インターネットを介して匿名組合契約等に基づき出資による資金提供を行い、集まった資金を仲介業者が事業者に貸し付ける形態であり、ファンド出資型（広義）の一類型と位置付けられる。仲介業者は、事業者に貸し付けた資金（元利金）の返済を得、それを原資に資金提供者に配当を行うことになる。このように貸付型は、資金提供者としては仲介業者から経済的リターンを金銭で得ることを期待する形態となる（図1-16）。

　貸付型は、2014年頃から、行政指導により、仲介業者の設定するファンドについて、

① そのファンドに参加する事業者が複数であること（複数化）

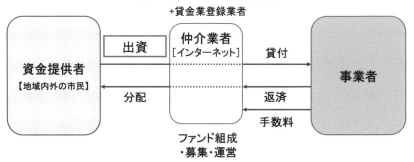

図 1-16　投資型（貸付型）クラウドファンディングのストラクチャー

（出所）筆者作成。

② 資金提供者に資金提供を受ける事業者を開示しないこと（匿名化）

が要求されていた。これは、資金提供者に事業者名が特定されると、資金提供者が実質的に当該事業者に貸付を行っている、すなわち資金提供者が貸金業を行っているとも考えられることから、資金提供者の貸金業登録が必要になるとの懸念を回避するためのものである。これを受け、これまでの貸付型では、市民が資金提供を行う事業を自ら選択できず、その結果、個別の事業に対し共感や参加意志をもてないほか、当該事業による社会的リターンもみえないものとなり、市民資金／クラウドファンディングとは言えない、単なる高い経済的リターンを求める金融商品として活用されてきた（「事業の特定性」、「市民の共感や参加意志」、「社会的リターンの期待」の欠如）。

　しかし、こうした解釈に疑義が呈せられるとともに、複数化・匿名化を悪用する仲介業者が顕在化[23]したこともあり、2019年に金融庁による行政解釈が公表され[24]、この複数化と匿名化が解除されるに至っている。これにより、貸付型が単なる「金融商品」から脱却できる環境が整えられつつある状況となっている。

　なお、貸付型は、上記のとおり、金融商品的な要素の強い、最も

表1-6　投資型（貸付型）における主なクラウドファンディング仲介業者

形　態	仲介業者名	備　考
貸付型	CROWD BANK	
	OwnersBook	不動産事業に特化
	funds	
	CROWD CREDIT	
	SAMURAI FUND	
	NEXT SHIFT FUND	
	LENDEX	
	CRE Funding	物流施設特化型
	Maneo	
	CAMPFIRE Owners	
	SBI Social Lending	2021/5 に当該事業からの撤退を決定・表明

（出所）一般社団法人日本クラウドファンディング協会（2021）等をもとに筆者作成。

金銭による配当（経済的リターン）を期待する形態であるため、高い収益性・事業性が見込める事業であることが求められる。

インターネットを介した貸付型の仲介業者は、ファンド出資により資金を集めるため、ファンド出資型（狭義）と同様に第二種金融商品取引業者としての登録[25]が求められる。加えて、当該仲介業者は、事業者に対し資金を貸し付けることになるため、貸金業としての登録も必要となる。このため、寄付型・購入型に比べると仲介業者数は少ないものの、金融商品に特化でき、取り扱う資金規模も大きな事業であることから、仲介業者としては収益性を確保しやすく、相応の事業者が存在する状況にある（表1-6）。

6　投資型（株式取得型）

投資型のうち、株式取得型は、共感する事業等に市民が参加・協力するため、仲介業者を介しインターネットを活用して、当該事業を担う主体の株式を取得（出資）し、株主となる形態である。

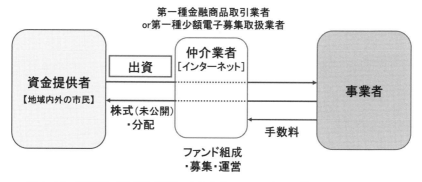

図1-17　投資型（株式取得型）クラウドファンディングのストラクチャー

（出所）筆者作成。

　資金提供者が取得する株式は非上場株式であり、2015年に日本証券業協会が自主規制規則を整備したことにより、少額のクラウドファンディング（同一会社における年間発行金額：100百万円未満、一人当たり年間投資額：0.5百万円以下）に限って解禁された、比較的新しい形態である。

　資金提供者（株式取得者）は、基本的に提供した資金に対し、株式と配当、すなわち経済的リターンを金銭で得ることを期待するものとなる（図1-17）。その際、金銭による経済的リターンに加え、「感謝の気持ち」としての御礼状等の送付、資金提供を得ることで生産したモノ・サービス等の提供も併せて行うケースも多くあらわれている。

　株式取得型における資金提供者に対する経済的リターンは、金融機関等からの借入金の返済やファンド出資等より劣後することになるため最もリスクが高い反面、最も大きなリターンの獲得を期待できるものとなる。

　このように株式取得型は、金銭による配当（経済的リターン）を要するため、高い収益性・事業性を期待できる事業であることが求められる。

表1-7　投資型（株式取得型）における主なクラウドファンディング仲介業者

形　態	仲介業者名	備　考
株式取得型	FUNDINO	
	CAMPFIRE Angels	
	ユニコーン	
	GEMSEE Equity	SBI グループ
	イークラウド	

（出所）一般社団法人日本クラウドファンディング協会（2021）等をもとに筆者作成。

　なお、取得した株式を売却しキャピタルゲインを得ることも可能であるが、非上場株式であるため、取得した株式を簡単に売買するのは難しいものとなっている。

　インターネットを介した株式取得型の仲介業者は、株式という金融商品を取り扱うものとなることから、第一種金融商品取引業者としての登録[26]が求められる。また、2015年に解禁された比較的新しい形態であることもあり、表1-7のとおり、現段階でこの類型の仲介業者は最も少ない状況にある。

③ クラウドファンディングの種類

　このようにクラウドファンディングには、市民の立場からみた資金提供を行う方法として、寄付型、購入型、投資型という大きく三つの形態があるが、これに加えて、資金を募った目標金額の達成状況とクラウドファンディングの成立性から、All or Nothing 型とAll-in 型の二つのタイプに分けられている。

　このうち All or Nothing 型は、資金を募った目標額を達成した場合にその資金を受け取り当該事業の実行に活用できるものの、目標額を達成できなかった場合には資金を受け取ることができない、す

		種　　類	
		All-in型	All or Nothing型
形 態	寄付型		
	購入型		
	投資型		
	ファンド出資型		
	ファンド出資型（狭義）		
	貸付型		
	株式取得型		

図1-18　クラウドファンディングの分類（形態と種類）

（出所）　筆者作成。

なわちクラウドファンディングが成立しなかったことになる[27]タイプである。

　一方、All-in型は、目標額を達成しない場合でも、集まった分だけ資金を受け取ることができるタイプであり、集まった金額にかかわらず当該事業を実行し、約束した経済的リターンを支払うことが求められる。

　クラウドファンディングは、こうした目標金額の達成状況とクラウドファンディングの成立性からみた二つのタイプと、前記の市民の資金提供方法による三つの形態の組み合わせにより活用方法が決まることになる（図1-18）。

4 クラウドファンディング活用の特徴的な動き

　次に、近年におけるクラウドファンディング活用の特徴的な動きを、主に形態面に焦点を当てて紹介する。

1　融合型

　一般に、クラウドファンディングを活用する形態は一つの事業に

図1-19　融合型（寄付型と投資型（ファンド出資型）①）のストラクチャー

（出所）筆者作成。

おいて一つであることが多いが、複数の形態が併用される「融合型」も増加している。

　前記のとおり購入型は寄付型から派生した形態であるため、両者の親和性は高く、両者を融合して活用するケースは以前から多々存在している。例えば、先に紹介した「地域飲食店応援クラウドファンディング（みらい飯)」という取り組みも寄付型と購入型が融合した事業である。

　一方、寄付型もしくは購入型（以下、寄付型等）と投資型が融合して実施される事業もあらわれている。寄付型等と投資型の融合には、以下の二つの方式がある。

　第一に、一つの事業において、寄付型等により資金提供を募るクラウドファンディングと投資型（例えばファンド出資型）により資金提供を募るクラウドファンディングを併存させる方式である。換言すると、資金提供を受ける形態として、寄付型等と投資型の二つを用意し、資金提供者に選択してもらう方式となる（図1-19）。

　第二に、寄付等と投資（ファンド出資）を併せて資金提供してもらうクラウドファンディングとして、初めからセットされている方式である（図1-20）。例えば、クラウドファンディングにより資金

第二種金融商品取引業者
or第二種少額電子募集取扱業者

資金提供者
【地域内外の市民】

寄付
＋出資

分配(出資分)
・特典

仲介業者
[インターネット]

ファンド組成
・募集・運営

手数料

事業者
（ファンド）

図 1-20　融合型（寄付型と投資型（ファンド出資型）②）のストラクチャー

（出所）筆者作成。

提供する金額が一口20千円であり、このうち10千円を寄付扱い、残りの10千円を投資（ファンド出資）扱いとし、経済的リターンの対象となるのは資金提供を行った20千円のうち投資分の10千円だけとするものである。

　この方式は、東日本大震災や熊本地震などで被災した事業者を応援する場合などで活用されている。

　例えば、無農薬の柚子の栽培や柚子製品の生産を行ってきた（有）本田農園が熊本地震で被災し、その復旧を図るための資金8百万円をクラウドファンディングで集めたケースでは、資金提供額を一口10.8千円とし、そのうち寄付分を5千円、投資（ファンド出資）分を5千円（残る800円は手数料）に設定、経済的リターンの対象はファンド出資分の5千円分についてのみとしている（図1-21）。

　被災した事業者にとって、多額の資金を寄付だけで集めるのには限界がある一方、震災復旧資金をファンド出資だけで集めては多額の経済的リターンを支払うのは困難である。こうした中、両者を融合することにより、それぞれの利点を活かした資金調達が図られ、復旧につながる可能性も高まるなど、効果的な手法となっている[28]。

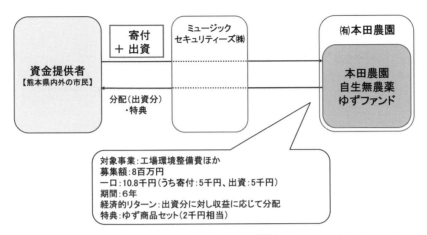

図1-21 自生無農薬ゆずファンド（熊本地震被災地応援ファンド）のストラクチャー

（出所）ミュージックセキュリティーズ（株）資料をもとに筆者作成。

2　マッチングファンド型

　マッチングファンド型とは、事業者が事業の趣旨に共感した不特定多数の人々からクラウドファンディングを通じて資金を集めるに当たり、支援団体がクラウドファンディングで集まった金額に一定比率を乗じた金額を上乗せして提供し[29]、事業者の資金調達額を増やす方式であり（図1-22）、マッチングギフト方式とも呼ばれている。

　事業者は、支援団体からの上乗せ金を得られることにより必要資金の確保が容易になるとともに、CSRやCSVの実現等を図るために資金提供を行う支援団体においても、市民の共感度に応じた支援が可能になるというメリットがある。

　このマッチングファンド型を活用した事例としては、岩手県南三陸町においてワイナリーを整備したプロジェクトがある（図1-23）。当該プロジェクトは、南三陸町でワインづくりに取り組む南三陸ワイナリー（株）が、これまでの委託醸造から自社醸造に転換すべくワイナリーを整備する事業であり、その資金の一部をクラウドファンディング（寄付型と購入型の融合型）により集めることとしたも

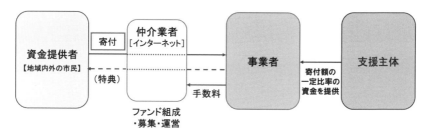

図1-22　マッチングファンド（寄付型の場合）のストラクチャー

（出所）筆者作成。

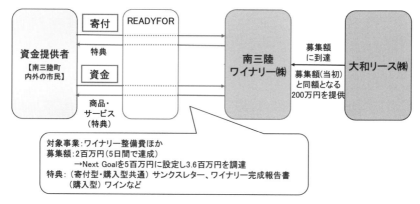

図1-23　南三陸ワイナリー整備プロジェクトにおけるマッチングファンドのストラクチャー

（出所）READYFOR、大和リース資料をもとに筆者作成。

のである（当初目標額：2百万円）。

　その際、目標額に達した場合、支援団体である大和リース（株）がクラウドファンディングによる募集金額（当初）の100％、すなわち募集金額と同額の2百万円をマッチングギフトとして提供することをあらかじめ約す形をとった。その結果、事業者はクラウドファンディングによる調達額（3.6百万円）とマッチング分（募集金額と同額の2百万円）を合わせ5.6百万円の資金を確保することができ、事業の推進に大きくつながるものとなっている。

第3章 クラウドファンディング活用による効果

本章では、こうした仕組み・形態をもつクラウドファンディングを活用することによって得られる主な効果について考察する[30]。

1 資金調達の円滑化・多様化

クラウドファンディング活用の効果としては、まず事業者における資金調達の円滑化・多様化があげられる。

地域の事業者が事業を行うに当たり最も重要な課題の一つは必要資金の確保である。小規模企業白書（2020年版）（中小企業庁（2020））をみても、中小企業全体の3分の1が、自社が直面する重要な経営課題として、運転資金や設備資金の確保など「財務」面をあげている（中小企業全体のうち34.0%、うち小規模事業者：38.6%、中規模企業：28.6%[31]）（図1-24）。

通常、事業者における必要資金の調達は、金融機関からの融資、ベンチャーキャピタルからの投資、行政からの補助金等が中心になるが、これらの資金だけでは十分に資金を調達できないケースがある中、クラウドファンディングを活用することにより、その代替・補完が可能となる。

また、返済等を要しない資金、あるいは金融機関への返済より分配等が劣後する資金がクラウドファンディングにより調達されることで、金融機関からの融資等が受けやすくなることもある。

さらに、国・地方自治体における財政状況が厳しさを増し、従来のように補助金等を得ることが難しくなっている中、クラウドファ

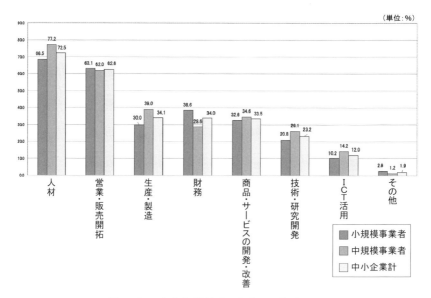

（単位：%）

図1-24　中小企業が重要と考える経営課題

（出所）中小企業庁（2020）のデータをもとに、筆者が比率を試算の上で作成。

ンディングがそれを補完することにもつながる[32]。

　このように、クラウドファンディングの活用により、市民の想いのこもった独自の資金を確保することが可能となり、金融機関からの融資や行政からの補助金等に過度に依存することなく、資金調達の円滑化や多様化が図られることが期待される。

2 共感する事業に対する市民の参加機会の拡大

　これまで市民は、自ら共感し参加・協力したいと思う事業があった場合、事業のPDCAサイクルにおける「Plan」、「Do」、「Check」それぞれの段階で、アイディア・知恵の提供、ボランティアによる役務の提供といった直接的な参加でしか、当該事業に関わることはできなかった。

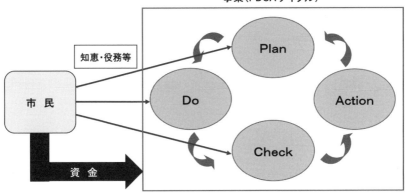

図1-25　事業に対する市民の参加機会

（出所）佐野（2007a）をもとに筆者作成。

一方、市民の中には、

①　こうした役務提供等を行うまでの気持ちはもっていないものの、当該事業に強い関心をもち、何らかの形で協力・応援したいと考える者

②　役務提供等を行いたくとも、時間的な制約、地理的な制約等からそれが困難な者

③　役務提供等に加え、当該事業に対しさらに深く関わりたいと考える者

などが現実に存在している。

　クラウドファンディングは、こうした市民に対し、共感する事業に資金の提供という形で参加・協力する新たな機会を提供する効果をもたらす（図1-25）。

　また、事業者にとっても、自らの行う事業に共感し直接応援してくれる市民を、幅広く獲得する機会を得ることができる。

3 事業に対する当事者意識の醸成・深化

　市民は、共感する事業に対しクラウドファンディングを通じて資金を提供することにより当該事業が実現し、大きな満足感・達成感や喜びを得ることができる。加えて、資金提供を行ったことで当該事業に対する関心がさらに高まり、自らが参加・協力した事業としてファンになり、当事者意識や参加意識が醸成・深化される。

　強い当事者意識をもった資金提供者は、

① 当該事業から生み出された商品・サービスの需用者として、積極的に購入・利用を図る
② この商品・サービスを知人等に紹介・PRを行うなど、「営業マン」的な役割を果たす
③ この商品・サービスに対するニーズの伝達や改善点等に関するアドバイスを行う

など、当該事業に対し主体的な取り組みを行ってくれることになる。

　事業者にとってみれば、資金提供を得た上にこうした取り組みを主体的に行ってくれる強力な支援者を獲得できることになり、販路の拡大や良質な商品・サービスの生産につなげることが可能になる（図1-26）。

4 事業に対する意欲と規律の向上

　地域内外の多くの市民からクラウドファンディングを通じて資金提供を受けた事業者は、資金提供者の共感や協力・応援したいという想いを直接受け止めることになる。それに伴い、資金提供者に感謝し、その想いに応えたいと事業に対する意欲が一層高まることに加え、提供された資金を大切に使わなければならないというコスト意識も醸成される。

　さらに、当事者意識をもった資金提供者から、当初の趣旨・計画

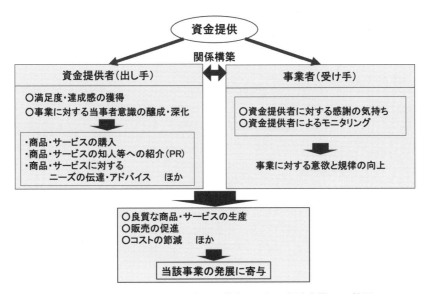

図1-26　クラウドファンディング活用による当該事業への効果

（出所）筆者作成。

どおりに事業が行われ成果を上げているか、資金が効率的に活用されているか等について関心をもってみられること（資金提供者のモニタリング機能）になるため、さらにその意識が強まることになり、良質な商品・サービスの生産、販路の拡大、コストの節減等をもたらすことにつながる（図1-26）。

5 資金提供者と事業者の関係構築

　さらに、当事者意識や参加意識をもつ資金提供者と、感謝の気持ちをもちその想いに応えたいと考える事業者との間に、クラウドファンディングがなければ生まれることのなかった「相思相愛」の関係が構築されることになる。また、両者の関係を深めるための行動が相互になされることにより、資金提供者の当事者意識や事業者の感謝の気持ちがさらに高まることにつながる。

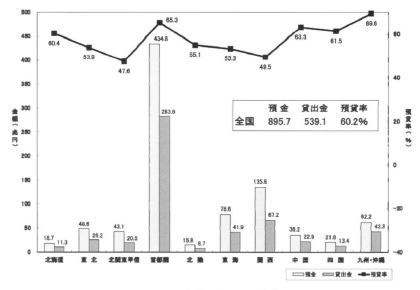

図1-27　地域における預貸状況

（出所）日本銀行（2021）における2021年3月末現在のデータをもとに筆者作成。

その結果、資金提供者の満足度・達成感が向上するとともに、事業者における良質な商品・サービスの生産、販路の拡大、コストの節減といった効果も一層高まると考えられる（図1-26）。

６ 地域内における資金循環と域外資金の吸引

最後に、マクロ的な面からクラウドファンディングの効果について考察すると、地域内における資金循環の促進と域外資金の吸引が可能になることがあげられる。

地域における預金と貸出金の関係（預貸構造）をみると、図1-27のとおり、すべての地域ブロックで預金残高が貸出金残高を上回り、地域で集められた預金が当該地域への貸出金として十分に活用されていない状況にあることがわかる。貸出金残高を預金残高

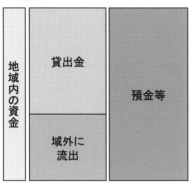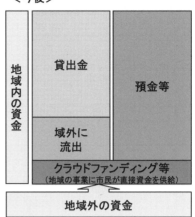

図1-28　地域における預貸状況とクラウドファンディング

（出所）佐野（2019b）をもとに筆者作成。

で除して求めた預貸率は、最も高い九州・沖縄ブロックでさえ
69.6％、首都圏でも65.3％にとどまり、全国平均では60.2％と、地
域内で集められた預金の6割しか地域内で使われていない。これは、
せっかく地域の稼ぎとして集められた資金が、海外を主体とする他
地域における投資（証券投資を含む）に直接的あるいは市場を通し
間接的に振り向けられて流出し、当該地域の発展に十分に活用され
ていないことを示している。

　こうした中、地域内の市民が、金融機関に預金をするのではなく、
クラウドファンディングにより自ら共感する事業に直接資金を提供
することになれば、地域外への資金流出を防ぎ、地域内の資金循環
を促すことにつながる（図1-28）。

　また、当該地域外の市民が、クラウドファンディングを通じ当該
地域の事業に直接資金を提供してくれることにより、金融機関を通
じて域外に流出している資金を当該地域に吸引するという効果を得
ることも可能になる。

7 その他の効果

　これらのほか、クラウドファンディングを活用する効果としては、以下の点があげられる。

1　テスト・マーケティング

　事業者が新たな商品・サービスを開発した場合、その商品・サービスがどれほど消費者のニーズにマッチしているかわからないケースが多い。その場合、購入型を中心にクラウドファンディングを活用し、資金の集まり具合をみることで、

・どれだけ消費者から受け入れられ、共感を得られる商品・サービスなのか

・同じ商品・サービスの中でも、どのような色・デザイン等の人気が高いのか

等について把握することができ、テスト・マーケティングのツールとしての効果を得ることが可能である。

2　市民の資金運用の多様化

　市民の資金運用という角度からみると、従来型の預貯金、債券や株式を含む金融商品の購入に加え、中小企業等の行う自ら共感する事業に対する小口資金の提供という、市場では流通していない資金運用方法の活用が可能となり、資金運用の多様化につなげることができる場合もある。

　なお、クラウドファンディングにおいては、共感する事業に対する応援意識が強く、単に資金運用を行うことを目的に資金提供を行っている人は少ないため、一般にこの効果はさほど大きくはないと考えられる。

表1-8　クラウドファンディングの活用により期待される効果

	資金提供者 ［出し手］	事業者 ［受け手］	地域
①資金調達の円滑化・多様化		○	
②共感する事業に対する市民の参加機会の拡大	○	○	○
③事業に対する当事者意識の醸成・深化	○	○	○
④事業に対する意欲と規律の向上		○	
⑤資金提供者と事業者の関係構築	○	○	
⑥地域内における資金循環と域外資金の吸引			○

（出所）佐野（2019b）をもとに筆者作成。

3　市民の主体性・自律性の醸成

　市民は、クラウドファンディングを通じ、共感をもつ事業に協力・参加すること、当該事業に当事者意識をもってより深く関与することを体験することで、大きな満足感や達成感を得ることになる。

　その結果、当該事業にとどまらず、他の事業に対するクラウドファンディングによる応援、クラウドファンディング以外の形による応援、まちづくりなど地域で実施されている事業に対する応援を行うなど、他人任せではなく、自ら主体性や自律性をもって様々な取り組みに関与していくことにつながる効果も期待される。

⑧ 総括

　これらの効果について、事業者の立場、資金提供者である市民の立場、そして地域の立場から改めて整理すると以下のとおりである[33]（表1-8）。

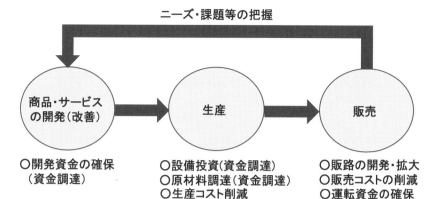

図1-29　商品・サービスの生産・販売の流れとクラウドファンディング

（出所）筆者作成。

　まず事業者の立場からみると、重要な経営課題の一つである資金調達について、金融機関からの融資や行政からの補助金等に過度に依存することを回避でき、その円滑化・多様化を図ることが可能になる。また、事業に対する市民の参加機会が拡大することに伴い多くのファンづくりが図られるとともに、資金の提供をした市民が当該事業に対し当事者意識・参加意識をもつことで、商品・サービスの購入や紹介、改善に向けたアドバイスをしてくれる強力な支援者を獲得できることになる。加えて、資金提供者に対する感謝の気持ちが生まれ事業に対する意欲と規律が向上すること、様々な取り組みにより資金提供者との関係・絆を築くことにもつながり、これらの結果、良質な商品・サービスの生産、販路の拡大、コストの節減がもたらされる。このほか、テスト・マーケティングとしての効果も期待される。

　これを事業者における商品・サービスの生産・販売という事業の流れに即してみると、図1-29のとおり、クラウドファンディングの活用により、商品・サービスの開発、生産、販売という各段階で

必要となる資金（設備資金・運転資金）の調達を図ることができる。さらに、当事者意識をもった資金提供者の行動、感謝の気持ちから生まれる事業者の意欲と規律の向上、資金提供者と事業者の関係構築等により、

・商品・サービスの開発段階におけるテスト・マーケティング
・生産段階におけるコストの削減や生産性の向上等
・販売段階における販路の開発・拡大や販売コストの削減
・消費者ニーズや課題の把握とそれを反映した商品・サービスの改善

にもつながるなど、事業を行うあらゆる場面で効果を発揮することが期待される。

　次に、資金提供者（市民）の立場からみると、クラウドファンディングの活用により、資金提供という形で共感する事業に対する新たな参加機会を獲得することが可能になる。加えて、資金提供を行い参加・協力することに伴い満足感・達成感が得られるとともに、当該事業に対する当事者意識をもつようになり、当該事業により深く関与し、事業者との関係を築くことで、さらに高い満足感・達成感を得ることにもつながる。

　これらの結果、事業者と資金提供者だけではなく、地域にも大きな効果がもたらされる。まず、こうした取り組みを通じ、地域の根幹をなす市民の力の醸成、地域の企業の育成・発展につながる。また、当該事業で生まれた商品・サービスの販路が地域外に拡大することで、外から稼ぐこと（移出の増加）につながり、地域の経済力が強化されることになる。さらに、地域内で集められた資金が地域外に流出することを防ぎ、地域内の資金循環が促進されるとともに、域外の資金も吸引され、地域の血液と言われる資金の確保も実現される[34]。

　このように、クラウドファンディングを上手に活用することができれば、資金提供を受けた事業者だけでなく、市民にとって、そし

て地域にとっても、多様な効果を獲得できると考えられる。

注

1 「市民資金^{ファイナンス}」については、佐野（2007a）、佐野（2019b）等参照。
2 資金提供に対するリターンといえば、元本や利息・配当等を獲得する「経済的リターン」を指すことが多いが、「市民資金^{ファイナンス}」では、社会的課題の解決や社会的な価値の実現という「社会的リターン」を期待することを構成要素としている。なお、後述するとおり、「経済的リターン」を期待することを否定するものではない。
3 これら資金提供者は、GP に対し LP（Limited Partner）と呼ばれる。
4 佐野（2019b）、佐野（2021）。「ふるさと投資」連絡会議（2015）、井上（2017）、藤原（2019）など、他の論考でも同内容の定義がなされている。
5 クラウドファンディングにおいては、「社会的リターンの確保」を構成要素としない考え方もある。一方、これを重視し、社会的リターンの定量化を図る取り組みも行われ始めている。
6 事業者と資金提供者には情報の非対称性が存在し、それを解消するために仲介業者（プラットフォーム）が必要になる。
7 市民資金^{ファイナンス}の形態については、佐野（2007b）、佐野（2019b）参照。
　なお、佐野（2007b）では社会的リターンと経済的リターンをトレードオフなものとしてとらえて説明をしているが、ファイナンス的視点からみた経済的リターンと事業の社会的意義とは必ずしもトレードオフではなく、別個に考えることが必要である。
8 このため、資金提供者は購入者としての権利を有することになる。
9 このため、資金提供者は債権者として貸付金の返済を受ける権利をもつ。
10 このため、資金提供者は債権者として債券の償還を受ける権利をもつ。
11 容易ではないものの、当該株式を売却し、キャピタルゲインを獲得することも可能である。
12 前記のとおり、いずれの形態においても、金銭に加えて特典の提供（「感謝の気持ち」としての御礼状等の送付、資金提供を得ることで生産

したモノ・サービス等の提供）を受けることもある。

13　加えて、相対取引である貸付では、市場金利が基本となる債券購入に比し、金利を比較的柔軟に設定することが可能なこともあり、実際上も経済的リターン（利息）が低めに設定されるケースが多い。

14　クラウドファンディングの形態については、佐野（2019b）、佐野（2021）参照。

15　一般に投資型と言われているが、市民資金（ファイナンス）における出資と同義である。

16　山本（2014）、川上（2015）等参照。

17　「ふるさと投資」連絡会議（2015）参照。

18　矢野経済研究所（2021）参照。

19　一般社団法人日本クラウドファンディング協会（2021）参照。

20　商品を共感の得やすいように仕立てて、インターネットを介して販売しているケースも見受けられる。

21　2017年に不動産特定共同事業法が改正され、不動産特定共同事業において、

・事業者の資本金要件を緩和（10百万円）し小規模な事業者の参入を可能にする
・投資家からの出資総額を100百万円未満、投資家一人当たりの出資額を1百万円未満とする

など、投資家保護に配慮した小規模なクラウドファンディングが活用できるようになった。

22　金融商品取引法が2015年に改正され、少額（発行総額100百万円未満、一人当たり投資額0.5百万円以下）のファンド出資型（広義）クラウドファンディングのみを行う場合には、参入が容易な第二種少額電子募集取扱業者としての登録で済むことになっている。

23　仲介業者が資金提供者から複数化・匿名化したファンドに資金を集め、約束とは別の使途に貸付を行うといったものであり、これが表面化し金融庁より業務停止命令・改善命令が発出された例もある。

24　金融庁「平成31年3月18日のアクションレターに対する回答」参照。

25　ファンド型（狭義）同様に、金融商品取引法の改正（2015年）により、第二種少額電子募集取扱業者としての登録でも認められるものとなっている。

26 金融商品取引法の改正（2015年）により、少額（発行総額100百万円未満、一人当たり投資額0.5百万円以下）の株式取得型クラウドファンディングのみを行う場合には、参入が容易な第一種少額電子募集取扱業者としての登録で済むこととなった。

27 既に提供を受けた資金はキャンセル扱いとなり返金することになる。なお、目標額に達しない場合には、一般に仲介業者に対して支払う手数料は発生しない。

28 資金提供者からみても、提供した資金が全額寄付であるより、半額が寄付、半額が投資（経済的リターンあり）となっている方が、資金提供を行いやすいというメリットがある。

29 一般に、支援団体はクラウドファンディングにおける目標額を達成した場合に資金提供を行う。

30 クラウドファンディングの効果については佐野（2019b）、佐野（2021）を、クラウドファンディングを包含する概念である市民資金（ファイナンス）の意義・効果については佐野（2007a）を参照。

31 これらの構成比は、中小企業庁（2020）に記載されている数値をもとにした筆者の試算値である。

32 詳細は佐野（2007a）参照。

33 クラウドファンディングにより得られる効果は、クラウドファンディングの形態により異なる場合がある。

34 資金提供者が当該事業だけではなく当該地域のファンになり、当該地域の商品・サービスの購入、来訪等を行ってくれる効果を得ることもある。

第2編

地方自治体における
クラウドファンディングの
活用

第4章 地方自治体における クラウドファンディング 活用の意義と活用方法

1 地方自治体におけるクラウドファンディング活用の意義

　前章で説明したとおり、クラウドファンディングの活用には、資金提供を行う市民にとって、また資金提供を受ける事業者にとって大きな効果があり、その結果、地域においても以下のような多大な効果をもたらすことが期待される。

○市民が共感した事業に参加する機会を得ることができるとともに、自ら資金提供を行った事業に対し当事者意識をもち、事業者との関係づくりができるなど、主体的に様々な取り組みを行う市民の力の醸成につながること。

○地域の事業者において、資金調達の円滑化・多様化が図られることに加え、ファンづくり、資金提供者による商品・サービスの購入や知人等への紹介、改善に向けたアドバイスの獲得、感謝の気持ちから生まれる事業意欲と規律の向上等を通じ、良質な商品・サービスの生産、販路の拡大、コストの節減が実現され、地域の事業者の育成・発展につながること。

○これらに伴い、地場産業の競争力が高まり、当該事業により生まれた商品・サービスの販路が地域外に拡大すること（移出の増加）により、地域の経済力の強化に寄与すること。

○地域内で集められた資金が地域外に流出することを防ぎ、地域内の資金循環が促進されるとともに、域外資金の吸引につながり、地域にとって重要な役割をもつ資金の確保が図られること。

　こうした多大な効果をもたらすクラウドファンディングの活用を、

	①自治体直轄事業における資金調達	②PPP事業における資金調達	③民間主体の資金調達等の支援
	歳入確保型	PPP活用型	政策実現型
事業主体（資金調達者）	地方自治体	地方自治体or民間主体	民間主体
地方自治体の役割	事業者	事業に対する一定の役割分担・リスク負担	クラウドファンディング活用に向けた支援
	強		弱

図2-1　地方自治体におけるクラウドファンディングの活用方法

（出所）筆者作成。

地方自治体が関与して推進することは、地域の持続的発展を図る上で、今後ますます重要な意義をもつことになると考えられる。

2 地方自治体におけるクラウドファンディングの活用方法

地方自治体がクラウドファンディングを活用する方法としては、図2-1のとおり、

①　自治体による直轄事業における資金調達の手段（歳入確保型）

②　自治体の関与するPPP（Public Private Partnerships）事業における資金調達の手段（PPP活用型）

③　地域の民間主体の資金調達等の支援（政策実現型）

という三つが考えられる。

歳入確保型は、地方自治体が事業者となって事業を実施するに当たり、当該事業に共感した不特定多数の人々からインターネットを通じて資金の提供を受けるものであり、地方自治体自らが行う直轄事業の財源となる歳入を確保するための手段と位置付けることができる。

PPP活用型は、地方自治体が民間主体と連携して事業を実施する（PPP）に当たり、当該事業に共感した不特定多数の人々からイ

ンターネットを通じ資金の提供を受けるものである。活用する
PPP の形態に応じて、クラウドファンディングを用いて、地方自
治体が資金を調達するケースと民間主体が資金を調達するケースが
ある。

　政策実現型は、地域の企業など民間主体が事業を実施するに当た
り、地方自治体が支援して、当該事業に共感した不特定多数の人々
からクラウドファンディングにより資金調達を図りやすい環境を整
えるものである。地方自治体の支援は、地域の民間主体に対するク
ラウドファンディングに関する情報提供、仲介機関等とのコーディ
ネート、クラウドファンディング活用に伴い発生する初期費用負担
の軽減等の形をとることが多い。このように、地方自治体において
民間主体が容易にクラウドファンディングを活用できるよう支援す
ることは、中小企業の育成、地場産業の振興、まちづくりの推進、
地域社会の維持・発展といった政策の実現を図るための手段となる。

　以上のとおり、歳入確保型と PPP 活用型では地方自治体自らが
関与する事業の資金調達を図るための手段として、政策実現型では
民間主体の行う事業における資金調達等を支援し、それにより政策
の実現を図るための手段として、地方自治体がクラウドファンディ
ングの活用に関与することになる。

第**5**章 歳入確保型クラウドファンディング
——自治体直轄事業における資金調達

1 歳入確保型クラウドファンディングの意義・活用形態

　歳入確保型クラウドファンディングは、地方自治体自らが事業者となって直轄で事業を実施するに当たり、その資金調達手段として、当該事業に共感した不特定多数の人々からインターネットを通じ資金の提供を受けるものである。

　地方自治体が市民から資金提供を受ける形態として、まずクラウドファンディングを包含する市民資金（ファイナンス）の場合をみると、図2-2のとおり、「寄付」、「購入」、「債券購入」が考えられる[35]。このうち、最近は、ふるさと納税を用いた「寄付」と「購入」の活用が多くを占めている。一方、「債券購入」としては、事業を特定した上で市

市民資金（ファイナンス）の形態	地方自治体における活用	クラウドファンディングの形態（現段階）	地方自治体における活用
寄付	ふるさと納税等	寄付型	ふるさと納税等
購入		購入型	
貸付	—		—
債券購入	住民参加型市場公募地方債		—
出資	—	投資型	
ファンド出資	—	ファンド出資	—
		貸付型	
株式取得	—	株式取得	—

図2-2　地方自治体における歳入確保型クラウドファンディング等で活用可能な形態

（出所）筆者作成。

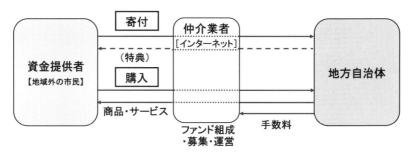

図2-3　地方自治体における歳入確保型クラウドファンディング（ガバメント・クラウドファンディング）のストラクチャー

（出所）筆者作成。

民に地方債を購入してもらう「住民参加型市場公募地方債」という制度が該当することになるが、ふるさと納税の普及に伴い、現在これを活用する自治体は大幅に減少している。今後、調達金額や経済的リターンの有無等を踏まえ、ふるさと納税と役割分担を図りつつ、改めてその活用のあり方を検討していくことが期待される。

　次に、クラウドファンディングにより資金提供を受ける場合（歳入確保型クラウドファンディング）の形態をみると、「債券購入」となる「住民参加型市場公募地方債」を、インターネットを介しクラウドファンディングにより発行・調達する仕組みは存在しないため、現段階ではふるさと納税等を通じた「寄付型」と「購入型」だけが活用可能となっている（図2-2）。これらは、一般に「ガバメント・クラウドファンディング」と称されている。

　歳入確保型クラウドファンディング（ガバメント・クラウドファンディング）は、図2-3のとおり、事業者である地方自治体が、提供を受けた資金を充当する事業を明確に示した上で資金を募集し、その事業に共感した市民が仲介業者を介しインターネットを活用して金銭を提供することで当該事業に協力するものである。

　「寄付型」の場合には、資金提供者に提供した資金（元本）は返済されず、利息・配当等も付されない一方、御礼状、銘板等への寄

付者名の記載、金銭的価値の高くない御礼品といった特典が、「感謝の気持ち」として送られることもある。市民は、専らふるさと納税等を仲介する業者のインターネットサイトから資金提供を行うことになるが、当該自治体に居住する市民については制限される場合もある[36]ため、共感した事業がある場合には、クラウドファンディングではなく振込等により寄付を行うケースも多い。

　他方、「購入型」の場合には、資金提供に対する経済的リターンとして、資金提供した事業において生産されたモノ・サービス（建設した公共施設の利用券等）、地方自治体における特産品（ふるさと納税の返礼品）等が送られる。「購入型」においても、「寄付型」同様にふるさと納税等を仲介する業者のインターネットサイトから資金提供を行うことになるが、当該自治体に居住する市民においては、基本的に返礼品を受け取ることはできず、基本的に「購入型」は成立しないものとなっている。

　このように歳入確保型クラウドファンディングでは、「寄付型」と「購入型」の活用が可能であるが、地方自治体が自ら事業を実施するに当たり、当該事業に共感した市民に協力してもらおうとクラウドファンディングを活用することが多いこともあって、経済的リターンとして返礼品を送る「購入型」より「寄付型」を活用するケースが多くあらわれている。

2 歳入確保型クラウドファンディング（ガバメント・クラウドファンディング）とふるさと納税

　ふるさと納税とは、お世話になった自治体、応援したい自治体などに寄付（＝ふるさと納税）をすることを通じ、その地域を応援しその発展に貢献するための制度であり、自ら選んだ自治体に寄付を行うと、原則として寄付額のうち２千円を超える額が個人住民税と所得税から控除されることになる。

所管する総務省は、ふるさと納税の理念・意義として、

〇資金提供者が寄付先（地域・事業）を選択できるため、その使われ方を考えるきっかけになること

〇お世話になった地域や応援したい地域の力になること

〇各自治体が自らの取り組みをアピールすることを通じ自治体間の競争が刺激され、選んでもらうに相応しい地域のあり方を考えるきっかけとなること

を示している[37]。

　一方、現在、ふるさと納税は、地方自治体が寄付を獲得するために競って返礼品を提供する「返礼品競争」の様相を呈しており、資金提供者は、2千円の負担で充実した返礼品を得ることができるため、それを目的に寄付を行う人が大半を占める状況にある。こうした専ら返礼品を獲得することを目的とした資金提供は、上記の創設の理念から大きく乖離するとともに、無償の資金提供を前提とする「寄付」としては整合性を欠くという問題を抱えている[38]。

　その中にあって、事業を特定（使途の明確化）し、それに共感し参加・協力したいと考える市民から資金の提供を受けるクラウドファンディングとして寄付を募ることは、まさにふるさと納税の理念に叶うものと考えられる。

　ここで、一般的なふるさと納税とガバメント・クラウドファンディングを比較し、相違点を考察すると、以下のとおりである（表2-1）。

〇提供を受ける資金の使途について、一般的なふるさと納税では活用分野等を緩やかに示すにとどまる例が大半であるが、ガバメント・クラウドファンディングにおいては、具体的に活用する事業を明示するものとなっている（事業の特定性）。

〇資金提供者が資金を提供する主な目的としては、一般的なふるさと納税では返礼品の獲得である一方、ガバメント・クラウドファンディングでは共感する事業に協力・参加することを通じた社会

表2-1　一般的なふるさと納税とガバメント・クラウドファンディングの主な違い

	一般的なふるさと納税	ガバメント・クラウドファンディング
資金の使途	活用分野等を緩やかに提示	活用する具体事業を明示
資金提供者の主な目的	返礼品の獲得	共感する事業等への協力
資金提供者の所在	当該自治体以外の居住者	当該自治体以外の居住者 当該自治体の居住者
クラウドファンディングの形態	購入型	寄付型中心 （+購入型）
返礼品（特典）	当該地域の産品中心	・なし ・感謝の気持ちを示すモノ・サービス等 ・購入型の場合：資金提供した事業で生産されたモノ・サービス等（建設した公共施設の利用券など）

（出所）筆者作成。

的課題の解決や社会的価値の実現である（市民の共感と参加意志、社会的リターンの期待）。

○その結果、資金提供の形態は、一般的なふるさと納税では、当該地域の地場産品を返礼品（経済的リターン）として獲得する「購入型」が中心となっている。他方、ガバメント・クラウドファンディングでは、経済的リターンがない、あるいは「感謝の気持ち」を任意に提供する「寄付型」が中心である。なお、一部には、「寄付型」と「購入型」を併用するケースも見受けられる。

○資金提供者は、一般的なふるさと納税では制度の特性から当該地方自治体以外に居住する者を対象としているが、ガバメント・クラウドファンディングでは、居住地域にかかわらず、当該地方自治体における居住者、それ以外の地域の居住者ともに対象とするケースが多い[39]。

今後地方自治体が、返礼品の獲得を目的とするふるさと納税から脱却し、事業を明確に示した上で、その事業に共感し協力・参加したいと考える方々からガバメント・クラウドファンディングとして資金提供を受ける形に変革していくことができれば、単なる歳入確保にとどまらず、市民の共感する事業に対する参加機会の拡大、当該事業における当事者意識の醸成・深化、事業に対する意欲と規律の向上、資金提供者と地方自治体との関係構築といった、先に示したクラウドファンディングの効果を得ることができ、地域の持続的発展につながるきっかけになるものと期待される。

3 特徴的な歳入確保型クラウドファンディングの活用

1 広域的な歳入確保型クラウドファンディング

　一般に地方自治体が歳入確保型クラウドファンディングを活用する場合、当該自治体が事業者として実施する具体的な事業を示し、その事業に共感した市民から資金を募ることになる。その事業が、当該自治体固有の課題ではなく、全国的に共通するような社会的課題の解決を図るためのものである場合には、想いを同じくする地方自治体が連携し、クラウドファンディングを募集することが考えられる。とはいえ、地方自治体同士で協議・調整して資金を集めるためのストラクチャーを構成することは容易ではない。このため、仲介業者等がその社会的課題を特定のテーマとして設定し、それに関する地方自治体の取り組み（事業）を一括りにして示した上で、地方自治体が個別にクラウドファンディングを募集する方法、すなわち「テーマ設定型広域ガバメント・クラウドファンディング」という形が現実的な方法として活用されている（図2-4）。

　例えば、「新型コロナウイルス対策」（後述する事例参照）、「災害からの復旧・復興」、「子どもの貧困対策」、「空き家対策」といった、全国的に大きな課題となっていることを、仲介業者等が共通テーマ

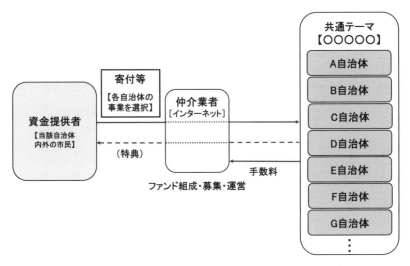

図2-4 テーマ設定型広域ガバメント・クラウドファンディングのストラクチャー

（注）共通テーマにかかる事業を自治体が個別に設定しクラウドファンディングを募集する。
　　　資金提供者は、これらの事業の中から資金提供する事業（自治体）を自ら選択する。集まった資金は当該事業（自治体）にのみ充当される。
（出所）筆者作成。

として設定してグルーピングし、そのテーマのもと、各地方自治体が実施する事業でクラウドファンディングを活用するものとなる。

このように、「テーマ設定型広域ガバメント・クラウドファンディング」は、共通のテーマに取り組む地方自治体が連携し、共同でクラウドファンディングにより資金調達を図り、集まった資金を自治体間で配分するというものではない。クラウドファンディング（市民資金）の性格である「事業の特定性」の考え方を踏まえ、あくまで地方自治体が本テーマに関する事業をそれぞれ実施するに当たりクラウドファンディングを活用するものであり、共通テーマを可視化する手法と位置付けることができる。

こうした「テーマ設定型広域ガバメント・クラウドファンディング」の効果は以下のとおりである。

〈資金提供者〉

　一般に資金提供者は、仲介業者のインターネットサイトから、資金を募集している具体的な事業名、事業の実施場所（地方自治体）等を糸口に共感する事業を探すケースが多い。こうした中、テーマが明確に示され、自ら共感するテーマのもとで実施される事業がグループとして一覧できることになるため、その中で最も共感し協力・参加したいと感じる事業を選択し、アクセスすることが容易になること。

〈地方自治体（事業者）〉

○このように資金提供者におけるアクセスが容易になることにより、地方自治体として資金提供を受けやすい環境を確保できること。

○クラウドファンディングで資金提供を受けた金額・人数等が、事業ごとだけではなく、共通するテーマごとにも公表される。このため、そのテーマの共感性の高さが大きな金額となって示されることになり、それがさらなる関心を呼び、多くの資金提供を得ることにつながること。

○共通テーマにおける他自治体の多様な取り組みの内容がわかることに加え、どのような取り組みが共感を得ているのか、どのようなクラウドファンディングの募集条件が効果的なのか等について検証することが可能となり、効果的なクラウドファンディングの仕組みの検討等にもつながること。

〈仲介業者[40]〉

○前記のとおり資金提供者におけるアクセスが容易になることにより、クラウドファンディングの利用が増え、手数料収入の増加につながること。

○共通のテーマのもと各自治体における類似の取り組みが増加することにより、効率的なプラットフォーム運営が可能となり、収益性が向上すること。

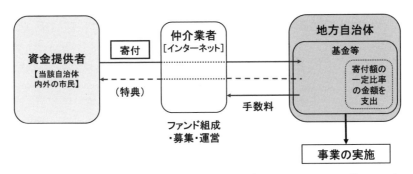

図2-5　ガバメント・クラウドファンディングにおけるマッチングファンド
　　　　の活用イメージ

（出所）筆者作成。

2　歳入確保型クラウドファンディングとマッチングファンド

　地方自治体が歳入確保型クラウドファンディングを活用するに当たっては、第2章で紹介したマッチングファンド型を採用することも可能である。

　これは、地方自治体が事業の趣旨に共感した不特定多数の人々からクラウドファンディングを通じて資金を集めるに当たり、当該自治体自らがクラウドファンディングで集まった金額に一定比率を乗じた金額を上乗せして、当該事業を実施しようとするものである（図2-5）。

　地方自治体においては、クラウドファンディングにより資金を調達することで当該事業に必要な財政負担の軽減につながるとともに、当該事業に対する市民の当事者意識が強まる等の効果を得ることができる。

　現段階では、これを活用している例を見つけることはできないが、今後、ガバメント・クラウドファンディングの形の一つとして定着することが期待される。

4 歳入確保型クラウドファンディングの活用事例

1　気仙沼市復興祈念公園モニュメント等の整備（気仙沼市）

（1）事業の概要

　気仙沼市（宮城県）は、東日本大震災で被災し、1,355人の方が犠牲になる（2022年3月31日現在、関連死を含む）とともに、市内の各地は壊滅的な被害を受け、多くの市民の生活基盤が失われることになった。

　同市では、その復旧・復興を図るべく、住宅再建と産業再生を柱として市民の生活再建に努め、震災後4年ほどが経過してようやく一定の目処が立つに至った。

　こうした中、国では、震災で犠牲になった方の追悼施設を被災3県に一カ所ずつ整備することにし、宮城県では石巻市が選定された。このため、大きな被害を受けた気仙沼市にも追悼施設を整備して欲しいという要望が市内外から寄せられ、同市では、

○犠牲となられた方に対する追悼と鎮魂の場

○防災への想いを新たにする場

○地域の再興を実感しつつ未来永劫の安寧を祈る場

として、復興祈念公園を整備することにしたものである。

　当該公園の整備に当たっては、各地域や団体の代表者、有識者及び市を構成メンバーとする委員会を立ち上げるとともに、海外を含む市内外から復興祈念として相応しい場所にするためのアイディアを募集するコンペを実施した上で検討が進められた。その結果、「追悼」、「伝承」、「再生」をキーコンセプトに、「追悼と伝承の広場」と日常的に憩うことができる「再生の広場」を整備することになった。このうち「追悼と伝承の広場」には、この公園のシンボル施設となるモニュメント「祈りの帆—セイル—」、震災で犠牲となられた方の名前と享年を刻んだ「犠牲者銘板」等を整備し、犠牲者を悼むとともに震災の記憶を後世に伝える場とすることにした（表

表2-2　事業の概要

(1) 事業名	気仙沼市復興祈念公園モニュメント等整備
(2) 事業主体	気仙沼市（宮城県）
(3) 所在	気仙沼市陣山（気仙沼市復興祈念公園内）
(4) 施設概要	○モニュメント「祈りの帆 - セイル -」 　復興祈念のシンボル施設、高さ10m、アルミ鋼材製 ○犠牲者銘板
(5) 事業費	64.6百万円 （資金調達：寄付56.2百万円、気仙沼市8.4百万円）
(6) 供用開始	2021年3月11日

（出所）気仙沼市資料、READYFOR資料をもとに筆者作成。

2-2）。

（2）クラウドファンディング等活用の目的

　復興祈念公園の整備に必要な資金については、復興交付金等を活用する一方、公園のシンボルとなるモニュメントや犠牲者銘板については、犠牲者を悼み復興を願う世界中の方々からの想いの結晶として整備したい、その想いを市民の前を向く力、街の復興を後押しする原動力にしたいという考えから、当該事業に共感する市内外の不特定多数の方々から寄付を募ることにした。

　寄付については、シンボル施設整備費64.6百万円のうち50百万円を目標金額に設定し、より多くの方に協力してもらえるようクラウドファンディングも活用することとしている。

（3）クラウドファンディング等の概要

　当該クラウドファンディングは、図2-6、表2-3のとおり、「寄付型」を採用し、クラウドファンディングの目標額を上記全体目標額50百万円のうち20百万円としている。

　寄付者に対しては、感謝の気持ちとして、寄付額3千円以上の方には御礼の手紙を、10千円以上の方には御礼の手紙と寄付者銘板へ

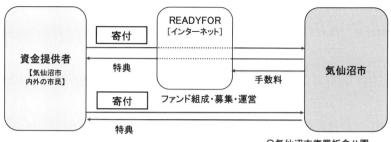

図2-6　気仙沼市復興祈念公園モニュメント等整備（気仙沼市）におけるクラウドファンディング等のストラクチャー

（出所）気仙沼市資料、READYFOR 資料をもとに筆者作成。

表2-3　クラウドファンディングの概要

(1)	事業名	気仙沼市復興祈念公園モニュメント等整備
(2)	資金調達主体	気仙沼市（宮城県）
(3)	使途	気仙沼市復興祈念公園内に設置する モニュメント「祈りの帆－セイル－」及び犠牲者銘板の整備
(4)	クラウドファンディングの形態	寄付型
(5)	募集金額	20 百万円
(6)	募集単位	設定なし
(7)	募集期間	2019 年 1 月〜 4 月
(8)	特典	3 千円以上：御礼の手紙 10 千円以上：御礼の手紙＋寄附者銘板への刻銘
(9)	仲介業者	READYFOR
(10)	結果	29.8 百万円（985 人）
(11)	備考	このほか、振込等による寄付（市民資金）も受付 （特典：クラウドファンディングと同じ） → 26.4 百万円（369 人）（〜 2020 年 11 月）を獲得 →合計寄付額　56.2 百万円（1,354 人）

（出所）気仙沼市資料、READYFOR 資料をもとに筆者作成。

の刻銘を行うという特典を用意している。

　なお、クラウドファンディングの募集期間（2019年1月～4月）の前後を通じて、クラウドファンディングではない振込等による寄付を受け付ける形をとっており（全体期間：3年間程度）、その際も寄付者には同様の特典が提供される。

　このような形でクラウドファンディングを募集した結果、一般的なふるさと納税のような返礼品が提供されないにもかかわらず、当該事業に共感した市内外の方々985人から29.8百万円の資金提供がなされた。これにクラウドファンディングではない振込等も加えると56.2百万円（1,354人）に達し、いずれも目標額を超えるものとなっている。

　こうした想いのこもった資金が活用され、シンボル施設の整備が実現し、震災からちょうど10年後の2021年3月11日に、公園全体の供用が開始されるに至っている。

2　首里城再建支援プロジェクト（那覇市）

（1）事業の概要[41]

　那覇市（沖縄県）に所在する首里城は、琉球王朝最大の王城であり、「首里城の歴史は琉球王国の歴史そのもの」と言われるほど、琉球の歴史・文化を象徴する施設である。

　首里城は、
○国王とその家族が居住する「王宮」
○王国を統治する行政機関である「首里王府の本部」
○王国の祭祀を運営する「宗教上のネットワーク拠点」
であり、周辺エリアでは美術や工芸の専門家が活躍するなど、文化・芸術の拠点ともなってきた城である。戦前には正殿等が国宝に認定され、2000年12月には首里城跡が「琉球王国のグスク及び関連遺産群」の一部として世界文化遺産に登録されている。

　首里城は、首里城から琉球国王が追放され沖縄県となった1879年

以降、日本軍の駐屯地や各種の学校等として使われていたが、第二次世界大戦の沖縄戦（1945年）で破壊され消滅するに至った[42]。

　戦後、首里城跡地は、琉球大学のキャンパスとして使われていたが、日本復帰前の1957年から復元事業が始まり、琉球大学移転後の1984年に沖縄県が首里城復元整備の指針となる「首里城公園基本計画」を策定した。1986年には国が城郭内4haを国営公園とし首里城正殿等を復元することについての閣議決定を行い、復元に向けた取り組みが進められることになった。

　それに基づき工事が進められた結果、1992年11月には正殿等の復元が完成し公園の一部が開園、爾後、主要な建造物の復元が進められ、2019年2月に、およそ30年に及ぶ復元を終え、国営公園内すべてが開園するに至った。

　しかし、全面開園後8カ月しか経っていない同年10月31日に火災が発生、首里城正殿を含む8棟とこれらの施設に保管されていた貴重な文物も焼失する事態となった。

　首里城は、上記のとおり琉球の歴史・文化の象徴として貴重な歴史資産であるため、それを所有・管理する国と沖縄県は、その再建・復興を図ることとし、政府は正殿について2026年までに再建することを目指す方針を打ち出している（表2-4）。

（2）クラウドファンディング等活用の目的

　上記のとおり、首里城の再建・復興は所有・管理する国・沖縄県が担うことになるが、方針の策定、実際の再建等の開始には時間を要することになる。

　那覇市では、琉球の歴史・文化の象徴、また沖縄県民の心の拠りどころとなってきた首里城の役割を踏まえ、早期の再建・復興につなげるエンジンとするべく、火災のあった翌日からすぐに、国や県の代理として、首里城の焼失に心を痛め再建・復興を願う不特定多数の方々からクラウドファンディング等による寄付を募り、首里城

表 2 - 4　事業の概要

(1)	事業名	首里城再建支援プロジェクト
(2)	事業主体	国・沖縄県
(3)	所在	那覇市首里当蔵町 (国営沖縄記念公園首里城地区・沖縄県営首里城公園 内)
(4)	主な内容	火災で焼失した首里城城郭内の施設（正殿、北殿、南殿等）の復元
(5)	事業費	―
(6)	供用開始	未定（正殿：国の方針では 2026 年までに再建する方針）

（出所）内閣府、沖縄県、那覇市及びふるさとチョイス資料をもとに筆者作成。

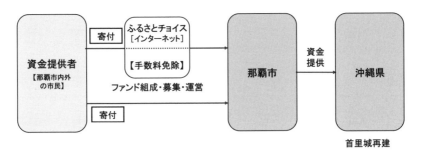

図 2 - 7　首里城再建支援プロジェクト（那覇市）のストラクチャー

（出所）那覇市資料、ふるさとチョイス資料をもとに筆者作成。

の再建・復興に向けた強い想いを顕在化させることにしたものである。

　なお、寄付により集まった資金は、県に納付することとしている。

（3）クラウドファンディング等の概要

　当該クラウドファンディングにおいては、図 2 - 7 、表 2 - 5 のとおり、事業の性格に鑑み「寄付型」を採用し、特典は一切付さない形をとっている。

　当該クラウドファンディングの目標額は100百万円、募集期間は火災翌日の2019年11月 1 日から 4 カ月後の翌年 3 月末までと設定し

表2-5　クラウドファンディングの概要

(1)	事業名	首里城再建支援プロジェクト
(2)	資金調達主体	那覇市（沖縄県）
(3)	使途	焼失した首里城の再建
(4)	クラウドファンディングの形態	寄付型
(5)	募集金額	100 百万円
(6)	募集単位	設定なし
(7)	募集期間	2019 年 11 月～ 2020 年 3 月
(8)	特典	なし
(9)	仲介業者	トラストバンク（ふるさとチョイス）ほか
(10)	結果	942.3 百万円（53,199 人）
(11)	備考	○このほか、募金箱・振込等による寄付（市民資金）も受付（特典：なし） → 620.5 百万円を獲得（2019 年 11 月～ 2020 年 10 月） →合計寄付額　1,562.8 百万円 ○集まった寄付金は、那覇市から施設再建を図る沖縄県に提供

（出所）那覇市資料、ふるさとチョイス資料をもとに筆者作成。

た。また、クラウドファンディングの募集と同時に、募金箱や振込といったクラウドファンディングではない形による寄付も受け付けることとしている（募集期間：2020年10月末まで）。

　なお、仲介業者であるトラストバンクは、当該事業を災害ととらえ、通常は事業者である那覇市から受け取る手数料を免除している。

　このような形でクラウドファンディングを募集した結果、わずか2日余りで目標額の100百万円を超える寄付が集まり、その後も継続して当初の募集期間まで寄付を募ったところ、当該事業に共感した世界中の53,199人にのぼる方々から942.3百万円を獲得するに至っている。これにクラウドファンディングではない形による寄付（市民資金^{ファイナンス}）も加えると1,562.8百万円となり、目標額の15倍を超える金額が集まるものとなった。

　もともとクラウドファンディングにおいては「共感性」がキーコンセプトの一つになっているが、被災後すぐ、特に気の毒に思う気

持ち、早く再建して欲しいという気持ちが大きい段階から実施した
ことで、共感性がより強くあらわれ、このようなスピードで多額な
資金を集めることができたと考えられる。

　なお、寄付により集まった資金は既に沖縄県に納付されており、
再建・復興に向けた取り組みの推進を後押しするものとなっている。

3　動物支援プロジェクト（ピースワンコ・プロジェクト）　（神石高原町）

（1）事業の概要

　ペットである犬や猫を、「可愛くなくなった」、「引越しすること
になり飼うことができなくなった」、「高齢になり飼うのが大変に
なった」等の理由から、捨てる、あるいは安易に地方自治体の動物
愛護センターに持ち込むといった例が多くあらわれている。これら
の犬猫は、回復の見込みのない病気や障害をもつもの、人や他の動
物に危害を及ぼす恐れのあるものだけではなく、軽度な病気やケガ
などで希望者が見つからない場合や施設に収容能力等の物理的制約
がある場合にも、殺処分される。

　20年ほど前の1999年度には、全国で421.2千頭の犬猫が引き取ら
れ、その99.7％に当たる419.8千頭について殺処分がなされる状況
にあった。直近の2019年度でも、随分と改善したとはいえ、まだ
85.9千頭が引き取られ、その38.1％の32.7千頭が殺処分になってい
る現状にある[43]。

　NPO法人ピースウィンズ・ジャパンは、こうした罪のない動物
が殺処分される状況を止めるべく、犬の「殺処分ゼロ」を目標とす
る「ピースワンコ・プロジェクト」を行っている。2011年当時、当
該法人の本拠がある広島県では、犬の殺処分数が全国で最も多い状
況にあったため、まず足元の広島県において「殺処分ゼロ」を実現
するべく、殺処分の対象となった犬を動物愛護センターから全頭引
き取り、トレーニングをして里親に引き渡す保護・譲渡活動を開始

表 2 - 6　事業の概要

(1) 事業名	動物支援プロジェクト（ピースワンコ・プロジェクト）
(2) 事業主体	NPO 法人ピースウィンズ・ジャパン
(3) 所在	広島県神石高原町近田
(4) 主な内容	犬の殺処分をなくすための活動
(5) 事業費	―
(6) 供用開始	神石高原町（広島県）と連携協定を締結

（出所）神石高原町、NPO 法人ピースウィンズ・ジャパン及びふるさとチョイス資料をもとに
筆者作成。

した。その結果、2016年度から広島県における殺処分ゼロを実現し、
6 千頭以上の犬の命を助け、3 千頭近くを新しい里親のもとに届け
るに至っている（表 2 - 6 ）。

（2）クラウドファンディング活用の目的

　このような犬の保護・譲渡活動を行うに当たっては、
○保護した犬の飼育費・医療費（ワクチン接種、狂犬病予防接種、
　検査、避妊去勢等にかかる費用）
○犬舎、シェルターといった施設の整備・修繕・維持費
○獣医師やスタッフの人件費
など多額の運営費用が必要となる。
　これらの費用は、当該 NPO 法人における会費収入だけでは到底
賄うことが困難であるため、当該事業に共感する不特定多数の方々
から資金的な協力を得ることにし、クラウドファンディングを活用
することにしたものである。
　その際、当該 NPO 法人が所在し、まちづくりに関する連携協定
を締結している神石高原町（広島県）が、ふるさと納税の仕組みを
活用してクラウドファンディングで資金を調達し、そのうち93％を
当該 NPO 法人に交付する形をとっている。

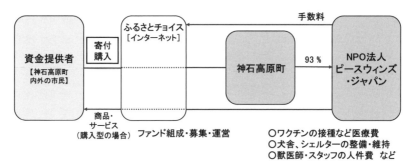

図2-8　動物支援プロジェクト（ピースワンコ・プロジェクト）（神石高原町）のストラクチャー

（出所）神石高原町資料、ふるさとチョイス資料をもとに筆者作成。

（3）クラウドファンディングの概要

　当該クラウドファンディングにおいては、図2-8、表2-7のとおり、目標金額を500百万円に設定し、寄付型と購入型のいずれかを資金提供者が選択できるようになっている。寄付型の場合には資金提供者に対する特典がない一方、購入型の場合には一般のふるさと納税と同様に地域の特産品が返礼品として提供される。加えて、多額の資金提供を行ってくれた方に対する特典として、200千円以上の資金提供者には、犬の保護活動の現場をみてボランティア活動を体験できる1泊2日の「ピースワンコ・ツアー」に参加する権利を、500千円以上の資金提供者には、名前を記したプレートを犬舎の前に掲示するという特別な返礼品を設定している。

　このような形でクラウドファンディングを募集した結果、神石高原町は、当該事業に共感した22,800人の方から、目標額を上回る531.1百万円の資金を獲得するに至っており、その93％がNPO法人に交付されている。同町では、これ以降も、NPO法人ピースウィンズ・ジャパンと連携し、同様の形によるクラウドファンディングを5件実施しており、本件と合わせると全体で1,156.8百万円（2021年10月末現在）を確保している。

表 2-7　クラウドファンディングの概要

(1) 事業名	動物支援プロジェクト（ピースワンコ・プロジェクト）「犬の殺処分ゼロを！」
(2) 資金調達主体	神石高原町（広島県）
(3) 使途	・ワクチンの接種・検査など医療費 ・犬舎、シェルターの整備・維持 ・獣医師・スタッフの人件費　など
(4) クラウドファンディングの形態	寄付型・購入型
(5) 募集金額	500 百万円
(6) 募集単位	設定なし
(7) 募集期間	2019 年 4 月～ 2020 年 1 月
(8) 特典	寄付型：なし、購入型：地元特産品（返礼品）ほか
(9) 仲介業者	トラストバンク（ふるさとチョイス）
(10) 結果	531.1 百万円（22,800 人）
(11) 備考	○集まった資金の 93％を、事業の実施主体である NPO 法人ピースウィンズ・ジャパンに交付 ○この後、さらに 5 事業で募集し、計 625.7 百万円を獲得（現在募集中の事業を含む（2021 年 10 月末現在））

（出所）神石高原町資料、ふるさとチョイス資料をもとに筆者作成。

　このように共感性の高い事業であることに加え、NPO 法人の活動に対し地方自治体が信用を補完する形をとっていること、ふるさと納税の仕組みを活用したことで返礼品を得られること等もあり、多額の寄付を集める結果につながっていると考えられる。

4　新型コロナウイルス対策事業（北九州市）

（1）事業の概要

　新型コロナウイルス感染症（COVID-19）は、2019年12月初旬に中国の武漢市で初めて感染者が報告されてから急速な拡大をみせ、2020年 3 月には世界保健機関（WHO）がパンデミックを宣言するなど世界的に大流行するに至っている。

　日本でも、2020年 1 月に感染者が報告されて以来、感染が急拡大

し、数度にわたる緊急事態宣言等が発出されるなど、国民生活に多大な影響を及ぼしている。

　北九州市（福岡県）においても2020年3月に初めて感染者が報告され、その後も感染者が発生する中、国は4月7日に福岡県を含む7都府県を対象に初めての緊急事態宣言を発出した（その後4月16日に全国に対象区域を拡大）。これに伴い、市民の外出自粛や休業要請等がなされ、飲食店を含む市内事業者は深刻なダメージを被るに至っている。

　こうした状況のもと、同市では、感染の拡大防止と事業者の支援を図るべく、北九州市PCR検査センターの開設、感染者の入院体制の拡充、事業者向け相談窓口の開設・拡充、店舗への家賃支援などの取り組みを進めてきた。

（2）クラウドファンディング活用の目的

　一方、感染リスクを抱えながら最前線で治療や介護等に当たっている医療・福祉関係者の負担は大きく、医療資材等も十分行き渡らない状況にあったほか、市内事業者も前記のとおり事業の継続に大きな影響があらわれる状態となっていた。

　こうした厳しい状況におかれている方々に対し、資金的な支援をするとともに、応援の気持ちを届けるため、同市では「北九州市応援寄付金『コロナに負けない、北九州の底力』」として、クラウドファンディングを活用し本事業に共感する不特定多数の方々から資金を集めることにしたものである。

（3）クラウドファンディングの概要

　当該クラウドファンディングにおいては、図2-9、表2-8のとおり、事業の性格に鑑み「寄付型」を採用し、特典は一切付さない形をとっている。

　寄付の目標額は50百万円に設定し、他の自治体と比べて早い時期

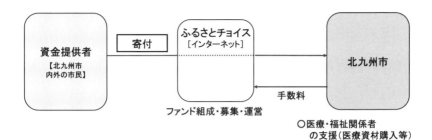

図2-9　北九州市新型コロナウイルス対策プロジェクトのストラクチャー

（出所）北九州市資料、ふるさとチョイス資料をもとに筆者作成。

表2-8　クラウドファンディングの概要

(1) 事業名	北九州市コロナウイルス対策プロジェクト 「北九州市応援寄付金『コロナに負けない、北九州の底力』」
(2) 事業主体［資金調達主体］	北九州市（福岡県）
(3) 使途	・コロナ禍における医療・福祉関係者の支援（医療資材購入等） ・深刻なダメージを受ける事業者の支援
(4) クラウドファンディングの形態	寄付型
(5) 募集金額	50 百万円
(6) 募集単位	設定なし
(7) 募集期間	2020 年 5 月〜 8 月
(8) 特典	なし
(9) 仲介業者	トラストバンク（ふるさとチョイス）
(10) 結果	74.1 百万円（857 人）
(11) 備考	―

（出所）北九州市資料、ふるさとチョイス資料をもとに筆者作成。

（2020年 5 月15日）から募集を開始している（募集期間：2020年 8 月13日までの91日間）。

　このような形でクラウドファンディングを募集した結果、当該事業に共感した857人の方から目標額を上回る74.1百万円の寄付を獲得するに至り、これらは資金提供者の想いとともに、医療・福祉関

係者や事業者等のために活用されている。

（4）テーマ設定型広域ガバメント・クラウドファンディングとしての活用

　この北九州市におけるクラウドファンディング「北九州市応援寄付金『コロナに負けない、北九州の底力』」は、仲介業者であるトラストバンク（ふるさとチョイス）によるテーマ設定型広域ガバメント・クラウドファンディングの一環として実施されている。

　トラストバンクは、新型コロナウイルス感染症によって国民生活に大きな影響があらわれる中、全国の地方自治体がその対策のために多様な取り組みを進めていることを受け、その取り組みをさらに前へと進めるため、「新型コロナウイルス対策」を共通のテーマとして設定することで可視化し、そのテーマのもとで各自治体が実施するクラウドファンディングをグルーピングしている。

　各地方自治体は、「新型コロナウイルス対策」というテーマのもと、医療・福祉関係者に対する支援、病院や介護施設等への医療物資の提供、休業要請等により深刻なダメージを受けている事業者に対する支援、学校に行けなくなった子どもや保護者等に対する支援などの事業を個別に設定してクラウドファンディング（寄付型・購入型）を募集、市民はこれらの中から共感し協力したい事業を選定し資金提供を行っている。

　これにより、図2-10、表2-9のとおり、これまでの1年7カ月の間に、「新型コロナウイルス対策」というテーマのもとで、都道府県、政令指定都市、中核市、特別区、一般の市、町村というあらゆるレベルの地方自治体103団体が参加し、131事業でクラウドファンディングの募集が行われている（全体募集額：1,164.6百万円）。

　このように「新型コロナウイルス対策」という共感性の高い課題が明確化された上に、その課題解決に向けた各地方自治体の取り組みが一覧性の高い形で示されたこと等により、資金提供者にわかり

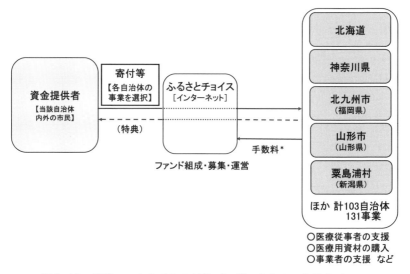

図2-10　新型コロナウイルス対策プロジェクトのストラクチャー

（注）　1．事業によって仲介事業者に対する手数料が免除されているものもある。
　　　　2．各自治体が個別に事業を設定してクラウドファンディングを募集し、資金提供者は
　　　　　　自ら事業を選択。集まった資金は当該事業にのみ充当される。
（出所）参加自治体資料、ふるさとチョイス資料をもとに筆者作成。

やすく伝わり、共感性がより高まることにつながったため、25,869
人もの方から768.1百万円にのぼる資金が提供されるに至っている
（募集中のものを含む（2021年10月末現在））。

　この「新型コロナウイルス対策」を共通テーマとするテーマ設定
型広域ガバメント・クラウドファンディングの詳細は、表2-10の
とおりである。クラウドファンディングにより資金提供を受けた金
額をみると、北海道が最初に実施した事業が164.5百万円と最も多
く、次いで上記北九州市（74.1百万円）、神奈川県（45.9百万円）、
山形市（22.5百万円）など、数千万円規模で資金が集まっている自
治体がある一方、わずか数万円（最低調達金額：10千円）しか集め
ることのできていない自治体もある。資金提供者の数をみても同様
に、最大7,565人、最小2人と自治体間で極めて大きな格差があらわ

表 2 - 9　テーマ設定型広域ガバメント・クラウドファンディングの概要

(1) 事業名	新型コロナウイルス対策プロジェクト
(2) 事業主体〔資金調達主体〕	北海道、神奈川県、北九州市（福岡県）、山形市（山形県）、粟島浦村（新潟県）など 103 自治体（131 事業）
(3) 使途	医療従事者の支援、医療用資材の購入、影響を受けた事業者の支援など
(4) クラウドファンディングの形態	寄付型（一部に購入型）
(5) 募集金額	1,164.6 百万円（全自治体、2021 年 10 月末現在）
(6) 募集単位	設定なし
(7) 募集期間	2020 年 3 月〜（順次、事業が設定され、現在も継続中）
(8) 特典	寄付型：なし 購入型：地元特産品（返礼品）
(9) 仲介業者	トラストバンク（ふるさとチョイス）
(10) 結果	768.1 百万円（25,869 人）（全自治体、2021 年 10 月末現在）
(11) 備考	○各自治体が新型コロナウイルス対策に関する事業を個別に設定してクラウドファンディングを募集し、資金提供者は自ら事業を選択。集まった資金は当該事業にのみ充当（他事業への流用、他自治体への流用はなし）。 ○事業によって仲介事業者に対する手数料が免除されているものもある。

（出所）参加自治体資料、ふるさとチョイス資料をもとに筆者作成。

われており、今後これらの要因を分析することを通じ、共感を得やすい仕組みを検討していくことが求められる。

5　災害派遣トイレネットワークプロジェクト（見附市）

（1）事業の概要

　近年日本では、地震、大雨に伴う洪水など大規模な自然災害が頻発しており、被災時には、自宅を失った方、自宅では危険を感じる方など多くの市民が避難施設で過ごしている。

　避難施設におけるトイレは、こうした避難者に加え、自宅のトイレが上下水道の停止や停電等により使用できなくなった方も使用す

表 2-10 新型コロナウイルス対策プロジェクトの状況（2021年10月末現在）

（単位：千円）

都道府県	調達主体 （地方自治体）	募集金額	結果			募集期間	備考
			金額	人数（人）	獲得率（%）		
北海道	北海道①	50,000	164,495	7,565	329.0	2020/4〜7（94日）	
	北海道②	100,000	4,971	449	5.0	2020/7〜9（90日）	
	北海道③	20,000	1,303	78	6.5	2020/8〜11（90日）	
	砂川市	1,000	623	6	62.3	2020/6〜9（90日）	
	登別市	7,650	6,120	144	80.0	2020/7〜12（154日）	
	南幌町	5,000	2,144	59	42.9	2021/8〜11（90日）	募集中
	栗山町	2,000	70	9	3.5	2020/7〜9（72日）	
	羽幌町	2,000	720	47	36.0	2020/11〜2021/2（91日）	
	津別町	2,000	960	60	48.0	2020/6〜9（90日）	
	訓子府町	1,000	947	40	94.7	2020/12〜2021/2（68日）	
	洞爺湖町	1,000	1,000	24	100.0	2020/6〜9（90日）	
山形県	山形県	20,000	2,242	116	11.2	2020/8〜12（126日）	
	山形市	75,000	22,452	773	29.9	2020/6〜9（90日）	
福島県	南相馬市	40,000	17,817	203	44.5	2020/10〜2021/1（123日）	
茨城県	土浦市①	1,000	920	16	92.0	2020/7〜10（88日）	
	土浦市②	1,000	633	6	63.3	2020/9〜12（90日）	
	鹿嶋市	3,000	1,580	10	52.7	2020/6〜9（91日）	
	筑西市	2,000	2,150	44	107.5	2020/5〜8（90日）	
	稲敷市	1,000	600	6	60.0	2020/6〜9（92日）	
	境町①	1,000	1,055	21	105.5	2020/3（20日）	
	境町②	15,000	10,183	93	67.9	2020/4〜7（91日）	
栃木県	矢板市	3,000	1,900	18	63.3	2020/5〜8（93日）	
	那須町	30,000	331	14	1.1	2020/8〜11（90日）	
群馬県	前橋市	10,000	9,140	118	91.4	2020/5〜8（90日）	
	沼田市	10,000	5,410	75	54.1	2020/6〜8（92日）	
	館林市	2,000	1,170	12	58.5	2020/6〜9（90日）	
埼玉県	鴻巣市①	2,000	1,162	15	58.1	2020/6〜9（91日）	
	鴻巣市②	1,000	345	7	34.5	2021/10〜2022/1（90日）	募集中
	深谷市	1,000	700	33	70.0	2020/5〜7（90日）	
	伊奈町①	3,000	1,919	9	64.0	2020/7〜10（90日）	
	伊奈町②	1,000	1,000	9	100.0	2021/2〜5（91日）	
千葉県	千葉市	10,000	16,871	424	168.7	2020/5〜8（90日）	
	市原市	10,000	2,668	35	26.7	2020/6〜8（90日）	
東京都	港区	2,000	10	2	0.5	2020/8〜10（89日）	
	文京区	10,000	2,136	43	21.4	2020/9〜12（122日）	
	品川区	10,000	6,978	181	69.8	2020/7〜10（90日）	
	目黒区	5,000	3,526	158	70.5	2021/4〜5（61日）	
	世田谷区①	10,000	13,858	448	138.6	2020/5〜8（116日）	
	世田谷区②	50,000	12,797	208	25.6	2020/8〜12（130日）	
	世田谷区③	2,000	2,001	16	100.1	2020/12〜2021/2（90日）	
	中野区①	5,000	1,740	22	34.8	2020/6〜8（90日）	
	中野区②	1,250	675	16	54.0	2020/12〜2021/3（90日）	
	荒川区	5,000	3,191	129	63.8	2020/12〜2021/3（90日）	
	板橋区	10,000	5,930	60	59.3	2020/6〜9（91日）	
	三鷹市	10,000	31,569	3,995	315.7	2021/7〜2022/1（201日）	募集中
	町田市	3,000	6,081	171	202.7	2020/5〜8（91日）	
	狛江市	3,000	757	35	25.2	2020/7〜9（90日）	
神奈川県	神奈川県①	10,000	12,127	823	121.3	2020/3（23日）	
	神奈川県②	50,000	45,923	1,395	91.8	2020/5〜2021/3（321日）	

	神奈川県③	3,000	2,879	108	96.0	2021/4〜9（183日）	
	神奈川県④	3,000	273	10	9.1	2021/10〜12（91日）	募集中
	横須賀市①	100,000	7,021	107	7.0	2020/5〜8（90日）	
	横須賀市②	3,000	591	12	19.7	2020/9〜11（91日）	
	鎌倉市①	10,000	11,449	198	114.5	2020/5〜7（90日）	
	鎌倉市②	1,000	2,231	98	223.1	2020/10〜11（46日）	
新潟県	新潟県	3,000	564	19	18.8	2020/7〜10（91日）	
	長岡市①	3,000	3,044	75	101.5	2020/5〜7（90日）	
	長岡市②	5,000	1,883	37	37.7	2020/5〜8（90日）	
	村上市	1,000	928	25	92.8	2020/5〜8（100日）	
	聖籠町①	1,000	225	9	22.5	2020/6〜7（37日）	
	聖籠町②	1,000	692	32	69.2	2020/6〜7（37日）	
	聖籠町③	1,000	412	29	41.2	2020/6〜7（37日）	
	粟島浦村	10,000	16,845	520	168.5	2020/12〜2021/2（64日）	
富山県	砺波市	1,000	146	7	14.6	2021/10〜12（75日）	募集中
石川県	小松市	3,000	1,065	7	35.5	2020/6〜8（90日）	
福井県	敦賀市	10,000	1,598	19	16.0	2020/5〜8（90日）	
	小浜市	1,000	1,090	22	109.0	2020/5〜8（90日）	
	勝山市	4,000	2,207	23	55.2	2020/5〜7（82日）	
山梨県	山梨市	1,800	1,820	46	101.1	2020/10〜2021/1（90日）	
	大月市	5,000	1,075	6	21.5	2020/5〜8（90日）	
長野県	長野県①	10,000	14,196	655	142.0	2020/7〜8（62日）	
	長野県②	15,000	19,427	751	129.5	2021/7〜9（91日）	
	長野市	10,000	2,221	49	22.2	2020/7〜9（90日）	
	茅野市	3,000	3,200	28	106.7	2020/5〜8（90日）	
	塩尻市	1,500	622	27	41.5	2020/12〜2021/3（90日）	
	千曲市①	3,000	3,011	47	100.4	2020/5〜7（91日）	
	千曲市②	1,500	947	36	63.1	2020/5〜7（91日）	
	富士見町	2,000	2,124	31	106.2	2020/6〜8（90日）	
岐阜県	岐阜県	8,000	4,650	93	58.1	2020/5〜8（90日）	
	下呂市	2,000	5,660	116	283.0	2020/5〜7（65日）	
静岡県	静岡県	37,760	10,685	372	28.3	2020/5〜8（92日）	
	湖西市	5,310	567	27	10.7	2020/8〜10（90日）	
	伊豆市	3,000	234	11	7.8	2020/7〜10（91日）	
愛知県	碧南市	11,000	20,661	284	187.8	2020/6〜9（90日）	
	尾張旭市	1,000	1,055	6	105.5	2020/6〜8（90日）	
	岩倉市	1,000	70	8	7.0	2020/5（11日）	
	日進市①	1,000	1,494	78	149.4	2020/5〜8（90日）	
	日進市②	1,000	790	29	79.0	2020/8〜11（91日）	
	日進市③	1,775	2,120	108	119.4	2021/7〜9（92日）	
	日進市④	3,030	280	11	9.2	2021/10〜2022/1（90日）	募集中
	東郷町	1,000	219	12	21.9	2020/6〜9（90日）	
三重県	松阪市①	2,000	589	25	29.5	2020/7〜12（184日）	
	松阪市②	1,000	1,050	5	105.0	2021/7〜12（184日）	募集中
	名張市	5,000	2,120	20	42.4	2020/6〜12（180日）	
滋賀県	米原市	1,000	631	7	63.1	2020/6〜9（91日）	
京都府	京田辺市	3,000	1,644	48	54.8	2020/11〜2021/1（91日）	
	京丹後市	2,000	1,242	13	62.1	2020/6〜9（90日）	
大阪府	池田市①	10,000	11,611	207	116.1	2020/5〜10（170日）	
	池田市②	3,000	522	21	17.4	2021/7〜10（90日）	
	高槻市	2,000	3,640	47	182.0	2020/5〜8（89日）	
	枚方市	2,000	748	32	37.4	2020/10〜2021/1（90日）	
	藤井寺市	2,000	1,087	24	54.4	2020/5〜7（80日）	
兵庫県	神戸市	10,000	4,831	118	48.3	2021/6〜11（183日）	募集中

	姫路市	4,000	4,001	104	100.0	2020/6〜9（90日）	
	西脇市	10,000	5,812	117	58.1	2020/5〜8（90日）	
	川西市①	3,000	4,113	75	137.1	2020/5〜8（90日）	
	川西市②	3,000	2,231	70	74.4	2021/8〜11（91日）	募集中
	南あわじ市	5,000	1,076	17	21.5	2020/11〜2021/2（91日）	
鳥取県	米子市①	1,000	2,000	24	200.0	2020/5〜7（60日）	
	米子市②	2,000	2,520	38	126.0	2020/7〜12（158日）	
	大山町	2,000	1,422	97	71.1	2020/9〜2021/1（143日）	
島根県	浜田市	5,000	7,035	153	140.7	2020/5〜12（221日）	
	雲南市	6,000	3,402	95	56.7	2020/5〜7（90日）	
	隠岐の島町	1,000	488	21	48.8	2021/7〜9（91日）	
広島県	広島市	50,000	4,620	79	9.2	2020/5〜8（90日）	
	上石高原町	10,000	1,697	29	17.0	2020/5〜8（90日）	
山口県	下関市	5,000	479	15	9.6	2020/6〜9（90日）	
	田布施町①	1,000	524	4	52.4	2020/6〜9（91日）	
	田布施町②	2,000	1,429	85	71.5	2020/12〜2021/3（90日）	
香川県	坂出市	10,000	11,120	150	111.2	2020/9〜12（91日）	
高知県	宿毛市	5,000	2,263	53	45.3	2020/5〜8（90日）	
福岡県	北九州市	50,000	74,123	857	148.2	2020/5〜8（91日）	
	太宰府市	10,000	6,206	53	62.1	2020/5〜8（90日）	
佐賀県	神埼市	2,000	1,140	5	57.0	2020/5〜8（90日）	
長崎県	松浦市	10,000	5,269	287	52.7	2020/8〜11（94日）	
宮崎県	宮崎市	6,000	3,532	160	58.9	2020/6〜7（35日）	
	小林市①	1,000	1,427	92	142.7	2020/4〜5（40日）	
	小林市②	1,000	510	48	51.0	2021/6〜8（50日）	
鹿児島県	出水市	1,000	524	33	52.4	2020/4〜5（37日）	
沖縄県	うるま市	1,000	415	36	41.5	2020/8〜10（88日）	
	竹富町	1,000	1,812	77	181.2	2020/10〜2021/1（90日）	
合計（103自治体131事業）		1,164,575	768,076	25,869	66.0		

（注）佐賀県と連携しNPOが募集した事業（6事業）を除く。
（出所）ふるさとチョイス資料をもとに筆者作成。

ることになり、①大変混み合い長時間並ばなければならないこと[44]、②汚く不衛生であること、③暗く安全性にも不安があること等から、トイレに行くのを我慢する方も多数あらわれている。トイレに行かないようにするため、水を飲むことや食事をすることを控える人も多く、その結果、体調を崩したり持病が進行するほか、不潔なトイレで感染症を引き起こすなど、二次災害が起きていることも指摘されている。

　それにもかかわらず、災害時に使用できる清潔なトイレは圧倒的に不足し、避難者等の死活問題になることも懸念されている。

　一般社団法人助けあいジャパンでは、こうした被災時のトイレ問題を解決すべく、すべての地方自治体に1台ずつトイレトレーラー

を設置し、災害があった時にはこれを被災地に集合させることにより、清潔なトイレを必要数確保する取り組みとして、災害派遣トイレネットワークプロジェクト「みんな元気になるトイレ」を提唱、各自治体に参加を呼びかけている。

　トイレトレーラーは、1台に4部屋の水洗式トイレを備え、牽引車で簡単に移動可能なものであり、給水タンクと汚水タンクが設置されているため、清潔なトイレをどこにでも届けられ、到着後すぐに利用できるものとなっている。また、太陽光パネルが屋根に設置されており、バッテリー電源と照明が確保できるため、明るく安心な避難生活を送ることが可能となる。

　こうした地方自治体が助け合うことで被災時のトイレ問題を解決する災害派遣トイレネットワークプロジェクトは、すでに13自治体が参加し、実際に導入したトイレトレーラーを被災自治体に派遣する取り組みも始まっている。

　見附市（新潟県）は、これまでに3度の激甚災害を経験し、被災時の大変さ、支援のありがたさを実感しており、災害に備えた防災対策に積極的に取り組んでいる。こうした中、一般社団法人助けあいジャパンの提唱する災害派遣トイレネットワークプロジェクト「みんな元気になるトイレ」を知り、自治体が助け合いながら被災時のトイレ問題を解決するという趣旨に賛同して、当該事業に参加することにしたものである。

（2）クラウドファンディング活用の目的

　地方自治体が当該プロジェクト「みんな元気になるトイレ」に参加し、トイレトレーラーを導入するに当たっては、財政負担が小さくて済む起債である「緊急防災・減災事業債」を活用することができる。これは、事業費全額を対象に起債でき（充当率：100％）、その償還額の7割について地方交付税が措置されるため、自治体の自己負担としては3割で済むものである。

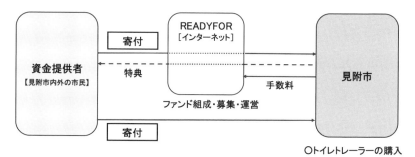

図2-11 災害派遣トイレネットワークプロジェクト（見附市）のストラクチャー

（出所）見附市資料、READYFOR資料をもとに筆者作成。

　一方、この3割分には自治体の財源が必要となるため、これについて、当該事業に共感する不特定多数の方に資金面で協力してもらうとともに、被災時の「助け合い」の場に参加してもらうため、クラウドファンディングを活用することにしている。

（3）クラウドファンディングの概要

　当該クラウドファンディングにおいては、図2-11、表2-11のとおり、事業の性格に鑑み「寄付型」を採用している。寄付者に対しては、感謝の気持ちとして、御礼状、オリジナルステッカー、トレーラーへの名前の記載（寄付額によりサイズ差を設定）といった特典を付すものとなっている。

　目標額として6百万円を設定しクラウドファンディングを募集した結果、当該事業に共感した161人の方から目標額を大幅に上回る10.4百万円の寄付を獲得するに至り、トイレトレーラーの購入が実現している。

　加えて、本事業に共感した方からクラウドファンディング以外の形でも、1.3百万円（15人）の寄付が寄せられている。

表 2-11　クラウドファンディングの概要

(1)	事業名	災害派遣トイレネットワークプロジェクト「みんな元気になるトイレ」
(2)	事業主体［資金調達主体］	見附市（新潟県）
(3)	使途	トイレトレーラーの購入
(4)	クラウドファンディングの形態	寄付型
(5)	募集金額	6百万円
(6)	募集単位	設定なし
(7)	募集期間	2020年12月〜2021年1月
(8)	特典	御礼状、オリジナルステッカー、トレーラーへの名前の記載（一定額以上）
(9)	仲介業者	READYFOR
(10)	結果	10.4百万円（161人）
(11)	備考	○このほか、募金箱等による寄付（市民資金）も受付（特典：なし） →1.3百万円（15人）を獲得

（出所）見附市資料、READYFOR資料をもとに筆者作成。

（4）テーマ設定型広域ガバメント・クラウドファンディングとしての活用

　見附市の実施した当該事業は、前記のとおり、一般社団法人助けあいジャパンが提唱した災害派遣トイレネットワークプロジェクト「みんな元気になるトイレ」に賛同して始まったものであり、同法人によるテーマ設定型広域ガバメント・クラウドファンディングと位置付けることができる。

　災害派遣トイレネットワークプロジェクト「みんな元気になるトイレ」という共通のテーマのもと、これに賛同した各地方自治体がトイレトレーラーを導入するに当たり、クラウドファンディング（寄付型）を募集し、それに共感した市民が事業を実施する自治体を選定し資金提供を行う形となっている。

　本プロジェクトには、富士市（静岡県）が2017年7月に初めてクラウドファンディングの募集を開始してから4年超の間に、11自治

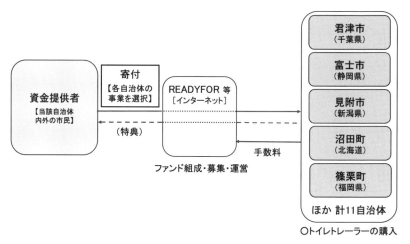

図2-12　災害派遣トイレネットワークプロジェクトのストラクチャー

（注）各自治体が個別に事業を設定してクラウドファンディングを募集し、資金提供者は自ら
　　　事業を選択。集まった資金は当該事業にのみ充当される。
（出所）参加自治体資料、READYFOR資料をもとに筆者作成。

体（11事業）が参加している（図2-12、表2-12）。なお、このう
ち10自治体は仲介業者としてREADYFORを活用している。

　これにより、「自治体間の助け合いによる被災時のトイレ対策」
という共感性の高い課題が示され、それに賛同して取り組む各地方
自治体の事業が一覧できるとともに、実際に被災地に相互派遣を
行っている様子等も発信されたため、資金提供者にとってわかりや
すく、また共感性が深まるものとなっている。その結果、全体で
71.4百万円の募集が行われ、その1.2倍に相当する87.2百万円（資
金提供者1,873人）を獲得するに至っている（募集中のものを含む
（2021年10月末現在））。

　これらの詳細は表2-13のとおり、中核市1団体、一般市6団体、
町4団体が参加し、概ね目標額を上回る金額を達成しており、相互
にトイレトレーラーを派遣する体制が構築されつつある。

　一方、「新型コロナウイルス対策プロジェクト」同様に、同じ事

表 2-12 テーマ設定型広域ガバメント・クラウドファンディングの概要

(1) 事業名	災害派遣トイレネットワークプロジェクト
(2) 事業主体［資金調達主体］	君津市（千葉県）、富士市（静岡県）、見附市（新潟県）、北杜市（山梨県）、沼田町（北海道）、篠栗町（福岡県）など 11 自治体（11 事業）
(3) 使途	トイレトレーラーの購入
(4) クラウドファンディングの形態	寄付型
(5) 募集金額	71.4 百万円（全自治体、2021 年 10 月末現在）
(6) 募集単位	設定なし
(7) 募集期間	2027 年 7 月〜（順次、事業が設定され、現在も継続中）
(8) 特典	寄付型：御礼状、オリジナルステッカー、トレーラーへの名前の記載、その他特産品（感謝の気持ち）
(9) 仲介業者	READYFOR（10 事業）、ふるさとチョイス（1 事業）
(10) 結果	87.2 百万円（1,873 人）（全自治体、2021 年 10 月末現在）
(11) 備考	〇各自治体が災害派遣トイレネットワーク事業を個別に設定してクラウドファンディングを募集し、資金提供者は自ら事業を選択。集まった資金は当該事業にのみ充当（他事業への流用、他自治体への流用はなし）。 〇同内容の事業を、クラウドファンディングを活用せずに実施しているケースもある。

（出所）参加自治体、READYFOR 及びふるさとチョイス資料をもとに筆者作成。

業を実施しているにもかかわらず、自治体間で集まった金額には差が生じており、その要因を明らかにすることを通じ、より共感を得やすい仕組みを検討してくことが課題となっている。

6　公益活動の促進（池田市）【参考】

（1）事業の概要

　池田市（大阪府）では、企業・各種団体・市民の代表から構成されるボランティア市民会議を立ち上げ、市民目線に立ったボランティア活動のあり方や行政の役割等について検討を行い、その結果を「市民公益活動促進に関する提言」として取りまとめ、公表して

表 2-13　災害派遣トイレネットワークプロジェクトの状況（2021年10月末現在）

（金額単位：千円）

都道府県	調達主体（地方自治体）	募集金額	結果			募集期間	仲介事業者	備考
			金額	人数（人）	獲得率（%）			
北海道	沼田町	8,000	8,703	223	108.8	2019/9 〜 11	READYFOR	
千葉県	君津市	5,000	14,850	335	297.0	2020/10 〜 12	READYFOR	
新潟県	見附市	6,000	10,390	161	173.2	2020/12 〜 2021/1	READYFOR	
山梨県	北杜市	6,000	8,725	275	145.4	2020/6 〜 8	READYFOR	
静岡県	富士市	10,000	10,573	230	105.7	2017/7 〜 9	READYFOR	
	西伊豆町	5,000	5,243	148	104.9	2018/8 〜 9	READYFOR	
愛知県	刈谷市	5,000	5,222	86	104.4	2017/11 〜 2018/3	READYFOR	
大阪府	箕面市	8,000	6,045	87	75.6	2020/2 〜 3	READYFOR	
奈良県	田原本町	5,000	5,120	131	102.4	2019/11 〜 2020/2	ふるさとチョイス	
高知県	高知市	5,400	4,360	53	80.7	2021/10 〜 12	READYFOR	募集中
福岡県	篠栗町	8,000	7,988	144	99.9	2020/1 〜 2	READYFOR	
合計（11自治体11事業）		71,400	87,219	1,873	122.2			

（出所）助けあいジャパン、READYFOR、ふるさとチョイス資料をもとに筆者作成。

いる（2000年10月）。

　この提言を受け、同市では市民公益活動のあり方について検討し、2001年4月には「池田市公益活動促進に関する条例」を施行、翌2002年3月に「公益活動促進のための基本的指針」を策定し、公益活動の促進に向けた積極的な取り組みを推進している。

　これらでは、公益活動を「市民が行いまたは市民のために行われる自発的かつ自立的な取り組みであって、不特定多数の者の利益の増進に寄与すること」と位置付け、この公益活動を市が支援する際の基本理念として、活動の自主性・主体性を尊重すること、支援の内容や手続きは公平かつ公正で透明性の高いものでなければならないことを明示している。

　その上で、具体的な取り組みとして、

①公益活動を行う団体と市をつなぐための中立的で自律性の高い中間支援組織として「池田市公益活動促進協議会」をおくこと

②公益活動を行う場として「池田市公益活動促進センター」を設置すること

③公益活動を行うための財源として「池田市公益活動促進基金」を設け、「登録団体」の行う公益活動に対し助成等を図ること

④市として支援する公益活動団体の「登録制度」を設け、登録団体になると、㋐コミュニティセンター等の無料使用、㋑市からの助成金の申請、㋒市の業務の受託等が可能になること[45]

等が示され、いずれも実現をみている。

（2）寄付活用の目的

　このうち③をもとに設立された「池田市公益活動促進基金」に積み立てられた資金は、「登録団体」の実施する公益活動に対して助成を行うために活用される[46]。

　当該基金の財源は、市が一般会計から拠出するだけではなく、公益活動に共感した不特定多数の市民から協力・参加を得るために寄付を募ることとし、市民資金（ファイナンス）が採用されるものとなっている。なお、当該寄付を募るに当たり、インターネットを介するクラウドファンディングは活用されていない。

（3）寄付の概要

　このように寄付を集めるに当たっては、図2-13、表2-14のとおり、市及び市の指定する公益活動団体（池田市公益活動促進協議会、池田市社会福祉協議会）に対し寄付された額と同額[47]を、市が当該基金に拠出する「マッチングファンド方式」がとられ、市民における公益活動促進への資金的な協力度合いが、市による当該事業の展開に反映されるものとなっている。

　なお、市民が資金を提供する形態は「寄付」であるため、提供さ

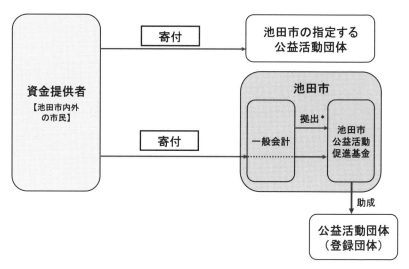

図2-13　池田市公益活動促進基金のストラクチャー

（注）池田市及び同市の指定する公益活動団体に対する寄付額（合計）と同額を翌年度に拠出
　　　（上限：10百万円／年）。
（出所）池田市資料をもとに筆者作成。

れた資金に対する経済的リターンは付与されない。

　こうした取り組みにより、市及び市の指定する公益活動団体に対する寄付は、2018年に1,126千円、2019年に4,075千円を確保し、翌年度にこれらと同額が、市から池田市公益活動促進基金に拠出されている。

　また、同市では、2016年8月から2018年12月にかけての間、ソフトバンクと連携を図っており、上記の仕組みのもと、公益活動の促進に向け市民がソフトバンクの募金プラットフォーム「かざして募金」を活用して市に寄付を行うと、その同額をソフトバンクが市に寄付を行い、市は市民とソフトバンクからの寄付の合計と同額を拠出するという取り組みがなされた。これにより、市民からの寄付の4倍の額が当該基金に繰り入れられることになり、マッチングファンドを2つ組み合わせた、市民・企業・自治体が協働して公益活動

表 2 -14　資金調達の概要

(1) 事業名	池田市公益活動促進基金
(2) 事業主体［資金調達主体］	池田市（大阪府）
(3) 使途	公益活動団体（登録団体）の活動に対する助成
(4) クラウドファンディングの形態	―（寄付）
(5) 募集金額	設定なし
(6) 募集単位	設定なし
(7) 募集期間	2002 年度（マッチングファンド方式）～（現在も継続中）
(8) 特典	なし
(9) 仲介業者	―
(10) 結果	2018 年：1,126 千円（うち池田市 443 千円）、2019 年：4,075 千円（うち池田市 1,183 千円）、2020 年度：池田市 897 千円（池田市以外は不明）
(11) 備考	○市民からの池田市及び同市の指定する公益活動団体に対する寄付額（合計）と同額を翌年度に池田市が基金に拠出する方式（マッチングファンド方式）を採用（上限：10 百万円／年）。

（出所）池田市資料をもとに筆者作成。

を推進する取り組みが実現している。

　前記のとおり、現段階では、これらの寄付は振込等が中心になっているが、クラウドファンディングを活用することを通じ、市民が協力・参加しやすい環境をつくることにより、より多数の方、幅広い層の方の参加が実現し、公益活動が一層促進されるものと期待される。

7　活用事例のまとめ

　これらの事例を通じ、地方自治体における歳入確保型クラウドファンディング（ガバメント・クラウドファンディング）の活用に関し示唆される点は、以下のとおりである。

○当該自治体内外の方々の心に響き共感性を得られる事業であるならば、返礼品等の経済的リターンがない場合、あるいは御礼状など感謝の気持ちを示すだけの場合でも、クラウドファンディング

により多額の資金が集まること。

○市民から高い共感を得るためには、事業の背景や具体的内容、事業に対する想いを丁寧に説明することに加え、クラウドファンディングを開始するタイミングを逸しないことが重要であること。

○資金を募集するに当たっては、クラウドファンディングに限定することなく、振込等も含め多くの人が協力しやすい多様な手段を用意することが重要であること。

○仲介業者等が、全国的に問題となっている社会的課題を共通テーマに設定し、そのテーマのもとで各自治体が実施する事業をグルーピングした上でクラウドファンディングを募集する「テーマ設定型広域ガバメント・クラウドファンディング」は、共感性の高い課題が明確に示され、その課題解決に向けた各地方自治体の取り組みが一覧できるため、資金提供者にとってわかりやすく、共感性が高まることにもつながり、多くの資金を集める効果が期待できること。

　一方、同じテーマであっても、自治体間で集まる資金の額に差が生じており、その原因を解明し、より共感性を高めながら資金を集める工夫を図る必要があること。

○自治体がクラウドファンディングで集まった金額に一定比率を乗じた金額を上乗せする「マッチングファンド方式」は、当該事業に対する市民の資金的な協力度合いが自治体の事業展開に反映されるものとなるため、資金確保と同時に事業の優先度を測るためのツールとして、今後の活用が期待されること。

　その際、民間主体とも連携し、複数の「マッチングファンド方式」を組み合わせた市民・民間主体・自治体の三者が協働する取り組みも有効であること。

○クラウドファンディングの活用は、当該自治体の実施する事業の財源確保にとどまらず、国、他の自治体及び民間主体の実施する事業を前に進めるエンジンとしての機能ももち得ること。

第6章 PPP 活用型 クラウドファンディング
——PPP 事業における資金調達

① PPP の概要

1　PPP の意義

　地方自治体における PPP 活用型クラウドファンディングは、地方自治体が民間主体と連携して PPP 事業を実施するに当たり、その資金調達手段として、当該事業に共感した不特定多数の人々からインターネットを通じ資金の提供を受けるものである。

　ここで PPP（Public Private Partnerships）について改めて整理しておきたい[48]。

　PPP とは、行政と民間主体（企業、NPO/ 市民等）が連携して公共分野を担うことにより、効率的かつ効果的な地域経営を実現するための手法である。日本では公民連携あるいは官民連携と称されている。

2　PPP の類型

　この PPP は、一般に、次の 3 つの類型に分類される（図 2 -14）。

（1）公共サービス型

　公共施設等の整備や公共サービスの提供を行うに当たり、行政単独ではなく、行政と民間主体が連携しながら対応する類型であり、PFI や指定管理者制度等が代表的な手法となる。なお、狭義に PPP といえば、この公共サービス型を指す。

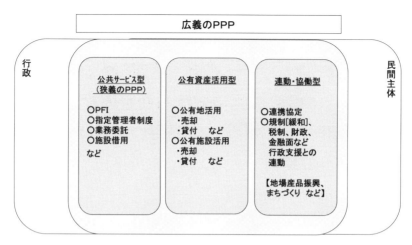

図 2-14　PPP の 3 類型

(出所) 佐野 (2019a)。

（2）公有資産活用型

　行政の所有する土地・建物等（公有資産）を一定の条件を付して民間主体に売却・貸付等を図り、これらについて行政が関与しつつ民間主体に有効活用してもらい、政策の実現を図る類型である。

（3）連動・協働型

　行政と民間主体が連動・協働しながら公共分野にかかる施策や事業を行う類型であり、主に、

○行政と民間主体の間で連携協定等を締結し、それに基づき行政と民間主体が役割分担をしながら協働する場合

○行政による規制（もしくは規制緩和）、税の減免、補助金等の支出、制度融資の実行といった優遇策等と連動して民間主体が活動を行う場合

等がある。

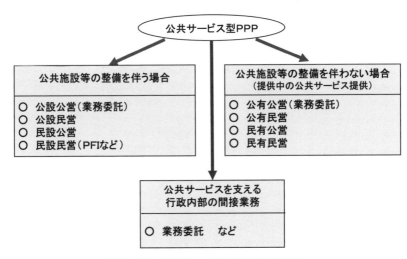

図 2 -15　公共サービス型 PPP の区分

（注）公共施設等の整備には、新設だけではなく建替・増改築・改修等を含む。
（出所）佐野（2004）をもとに筆者作成。

3　公共サービス型 PPP における事業形態

（1）公共サービス型 PPP の区分

　これら 3 類型のうち最も活用されることの多い公共サービス型 PPP は、図 2 -15のとおり、

○公共施設等の整備（建替・増改築・改修等を含む）を図りつつ、公共サービスを提供する際に活用する場合

○公共施設等の整備を伴わずに、現在行政が提供中の公共サービスに活用する場合

○これら公共サービスの提供を支える行政内部の間接業務に活用する場合

に区分される。

（2）公共施設等の整備を伴う場合の事業形態

　このうち、「公共施設等の整備を図りつつ公共サービスを提供す

管理運営		
	行政	民間
建設 行政	**公設公営** ○業務委託 　（一部業務）など	**公設民営** ○指定管理者制度 ○管理運営委託 ○DBO ○貸付　　　など
建設 民間	**民設公営** ○施設譲受 ○施設借用　　など	**民設民営** ○PFI　　など

図2-16　公共サービス型PPP（公共施設等の整備
を伴う場合）の事業形態

（出所）佐野（2019a）。

る場合」におけるPPP活用の方向と代表的な事業形態を整理する
と、以下のとおりである（図2-16）。

（i）公設公営（業務委託）

　公共施設等の建設、管理運営ともに行政が担う（公設公営）中で、
管理運営を構成する一部の業務を民間主体に委ねるものであり、具
体的形態としては「業務委託」が該当する。

　「業務委託」においては、行政が民間主体に業務を委託した対価
として固定額の委託費を支払うのが通常であるが、最近、この対価
を民間主体が達成した成果に応じ変動させて支払う「成果連動型委
託」（Pay for Success（以下、PFS））を活用する動きが広がってい
る[49]。

（ii）公設民営

　公設民営とは、公共施設等の建設を行政が、管理運営を民間主体
が担うものである。この中では、行政の建設した公の施設の管理運

営を、指定管理者として指定した民間主体に委ねる「指定管理者制度」が代表的な形態となる。また、行政が公共施設等を建設し、管理運営を指定管理者制度等を活用して民間主体に委ねるに当たり、設計と建設工事の請負も併せて一体的に民間主体に発注する「DBO（Design Build Operate）」等の形態もある。

（ⅲ）民設公営

　民設公営とは、公共施設等の建設を民間主体が、管理運営を行政が担うものである。この中には、民間主体が施設を建設した上で、当該施設を行政が取得し、その管理運営を担う「施設譲受」、同じく民間主体が建設した施設を行政が借り受けて管理運営を担う「施設借用」等の形態がある。

（ⅳ）民設民営

　民設民営は、公共施設等の建設、管理運営ともに民間主体が担うものであり、行政が関与しつつ公共施設等の設計・建設・管理運営・資金調達を一体的に民間主体に委ねる「PFI（Private Finance Initiative）」（「コンセッション」を含む）が代表的な形態となる。

　このPFIにおいては、事業を実施するに当たり、そこで生じた余剰地・余剰施設（公有地・施設）を、当該PFI事業を担う主体[50]に条件を付して貸し付け等を図り、民間主体に収益を生む付帯事業を併せて実施してもらう、「PFI＋付帯事業」という手法の活用も増加している。これは、PFI事業については公共サービス型、付帯事業については公有資産活用型となり、両者を併用する形の事業と位置付けられる。

（ⅴ）PPPの事業形態と資金負担主体

　以上のPPPの主な事業形態において、管理運営等に要する費用[51]を最終的に負担する主体についてみると、以下のとおりである（表

表 2-15　公共サービス型 PPP（公共施設等の整備を伴う場合）における主な事業形態と最終的な資金負担主体

| | | 最終的な資金負担主体 | | |
		行政	民間主体	行政・民間
PPPの事業形態	公設公営			
	業務委託	○	—	—
	公設民営			
	指定管理者制度/DBO	指定管理料支払型	利用料金型	併用型
	民設公営			
	施設借用	○	—	—
	民設民営			
	PFI	サービス購入型	独立採算型	ジョイント・ベンチャー型

（注）「最終的な資金負担主体」では、公設公営と公設民営の形態では管理運営に要する費用について、民設公営と民設民営の形態では管理運営に加え建設等に要する費用について、最終的に負担する主体を示している。
（出所）筆者作成。

2-15）。

○業務委託：行政が資金を負担して公共施設等を建設・管理運営する中、民間主体に委託する業務に要する費用も委託費を支払うことで負担することになる。なお、これは成果の達成度に連動して委託費を支払う PFS においても同様である。

○指定管理者制度／DBO：行政が資金を負担して公共施設等を建設した上で、その管理運営を指定管理者に委ねるに当たっては、

① 行政が指定管理料を支払うことにより負担する（**指定管理料支払型**）

② 民間主体が利用者から得る利用料金により負担する（**利用料金型**）

③ 民間主体が利用者から得る利用料金と行政が支払う指定管理料により、民間主体と行政が分担して負担する（**併用型**）

場合がある。

○施設借用：民間主体が建設した施設を行政が借用し賃借料を支払うことにより、また管理運営を行政自らが担うことにより、建設・管理運営に要する費用ともに行政が負担する。

○PFI：公共施設等の建設・管理運営を民間主体に委ねた上で、これらに要する費用については、

① 行政が長期にわたりサービス購入料を支払うことにより負担する**（サービス購入型）**

② 民間主体が利用者から得る利用料金により負担する**（独立採算型）**

③ 民間主体が利用者から得る利用料金と行政が支払うサービス購入料により、民間主体と行政が分担して負担する**（ジョイント・ベンチャー型）**

場合に分けられる。

（３）公共施設等の整備を伴わない場合の事業形態

次に、公共サービス型PPPのうち、「公共施設等の整備を伴わずに、現在行政が提供中の公共サービスに活用する場合」におけるPPP活用の方向をみると、以下のとおり基本的に公共施設等の整備を伴う場合と同じように整理できる（図2-17）。

（ⅰ）公有公営（業務委託）

公共施設等の所有、管理運営ともに行政が担う（公有公営）中で、管理運営を構成する一部の業務を民間主体に委ねるもので、具体的形態としては「業務委託」が該当する。この場合にも、公設公営同様に、行政が民間主体に業務を委託した対価として支払う委託費を、民間主体が達成した成果に応じ変動させるPFSを採用することができる。

管理運営		
	行政	民間
所有 行政	<u>公有公営</u> ○業務委託 　（一部業務）　など	<u>公有民営</u> ○指定管理者制度 ○管理運営委託 ○貸付 ○コンセッション　など
有 民間	<u>民有公営</u> ○セール＆ 　リースバック　など	<u>民有民営</u> ○譲渡 　（行政関与型 　　民営化）　　など

図2-17　公共サービス型 PPP（公共施設等の整備
　　　　　を伴わない場合）の事業形態

（出所）佐野（2019a）。

（ⅱ）公有民営

　公有民営とは、公共施設等を行政が所有しつつ、その管理運営を
民間主体が担うものである。この中では、「指定管理者制度」が代
表的な形態となるが、利用料金を徴収する施設において民間主体に
当該施設を運営する権利を設定する形態で、PFI の一種と位置付け
られている「コンセッション（公共施設等運営権）」も該当する。

（ⅲ）民有公営

　民有民営とは、公共施設等の所有を民間主体が、管理運営を行政
が担うものである。具体的な形態としては、行政が自ら所有・管理
運営している施設を一旦民間主体に売却し所有権を移転すると同時
に借り戻し、従前どおり行政が管理運営を担う「セール＆リース
バック」があげられる。

（ⅳ）民有民営

　民有民営は、公共施設等の所有、管理運営ともに民間主体が担う

表 2 -16　公共サービス型 PPP（公共施設等の整備を伴わない場合）におけ
　　　　る主な事業形態と最終的な資金負担主体

| | | 最終的な資金負担主体 | | |
		行政	民間主体	行政・民間
PPPの事業形態	公有公営			
	業務委託	○	―	―
	公有民営			
	指定管理者制度	指定管理料支払型	利用料金型	併用型
	コンセッション	―	独立採算型	ジョイント・ベンチャー型
	民有公営			
	セール＆リースバック	○	―	―
	民設民営			
	譲渡（行政関与型民営化）	―	○	―

（出所）筆者作成。

　ものである。行政が一定の関与をしつつ、行政の所有する公共施設
等を民間主体に譲渡し、それに伴い、事業運営（管理運営）も当該
主体に移転する「譲渡（行政関与型民営化）」が該当する。

（ⅴ）PPP の事業形態と資金負担主体

　以上の PPP の主な事業形態において、管理運営等に要する費用
を最終的に負担する主体をみると、表 2 -16のとおり、基本的に公
共施設等の整備を伴う場合と同様となる。

② PPP の類型・形態と PPP 活用型クラウドファンディング

　このように、PPP には多様な類型・事業形態があるが、いずれ
の場合でも、共感性が高く市民が協力・参加したいと思う事業であ
れば、当該事業における資金の確保、市民の参加機会提供を通じた
ファンの獲得＝利用者の増加等を目的として、クラウドファンディ

ングを活用することが可能である。

　その際、行政と民間主体が連携して実施するPPP事業において、行政と民間主体のどちらが、クラウドファンディングにより資金を調達するのが適切なのかが重要な検討課題となる。

　PPP事業を実施するに当たっては、利用者等の増減という需要リスクが最も肝となるリスクの一つであり、「リスクを最も管理できる者が当該リスクを負担する」という原則のもと、以下の理由から、この需要リスクを負担する主体がクラウドファンディングを活用して資金調達を行うことが基本になると考えられる。

○事業の根幹となる需要リスクを負担する主体こそが、当該事業において中心的な役割を担い、資金調達も行うのが一般的であること。

○需要リスクを負担する主体がクラウドファンディングを活用することにより、ファンの拡大＝利用者の増加という需要に直結する効果を最大化することができ、それがクラウドファンディングを活用するインセンティブとしても働くこと。

　こうした考え方を踏まえ、需要リスクを負担する主体とクラウドファンディングによる資金調達主体の関係について、PPPの類型・形態をもとに整理すると、以下のとおりとなる（図2-18）。

　基本的に行政が需要リスクを負担するPPPの形態としては、民間主体の担う管理運営等に要する費用を最終的に行政が負担する、業務委託、指定管理料支払型の指定管理者制度・DBO、サービス購入型のPFI等が該当する（PPP事業①）。こうした形態によりPPP事業を行う場合に、クラウドファンディングにより資金を調達するのは基本的に行政となる。

　一方、民間主体が需要リスクを負担するPPPの形態としては、公共サービス型では、管理運営等に要する費用を民間主体が得る利用料金等で最終的に負担する、利用料金型の指定管理者制度・DBO、独立採算型のPFI（コンセッションを含む）等が該当する

		需要リスクの負担主体			
		行政	行政・民間	民間	
クラウドファンディングによる調達主体	行政	[自治体直轄事業] PPP事業① 業務委託 指定管理者制度・DBO（指定管理料支払型） PFI（サービス購入型）	PPP事業② 業務委託（成果連動型） 指定管理者制度・DBO（併用型） PFI/コンセッション（ジョイント・ベンチャー型）	－	
	民間	－		PPP事業③ 指定管理者制度・DBO（利用料金型） PFI/コンセッション（独立採算型）	PPP事業④ PFI+付帯事業のうち付帯事業 公有資産活用型 連動・協働型

図2-18　PPPの類型・形態とクラウドファンディング

（出所）筆者作成。

（PPP事業③）。また、民間主体自らがリスクを負って事業を行う公有資産活用型、連動・協働型、PFI＋付帯事業のうち付帯事業部分も、ここに位置付けられる（PPP事業④）。これらの類型・形態の場合はいずれも、クラウドファンディングにより資金を調達するのは基本的に民間主体となる。

　これらの中間に当たる、本事業の需要リスクを行政と民間主体が分担するPPPの形態としては、民間主体の管理運営等に要する費用を民間主体が得る利用料金と行政による支払いにより最終的に負担する、併用型の指定管理者制度・DBO、ジョイント・ベンチャー型のPFI（コンセッションを含む）等が該当する。また、業務委託において、民間主体が達成した成果に連動して行政が委託費を支払うPFSもここに位置付けることができる（PPP事業②）。こうした形態によりPPP事業を行う際には、行政と民間主体のいずれも、クラウドファンディングにより資金調達することが可能であるが、利用者増のインセンティブをより得ることのできる民間主体（利用

		クラウドファンディングによる調達主体	
		行政	民間主体
形態	寄付型	○	○
	購入型	○	○
	投資型		
	ファンド出資型		
	ファンド出資型（狭義）	―	○
	貸付型	―	△
	株式取得型	―	△

図2-19　クラウドファンディングにおける資金調達主体と形態

（出所）　筆者作成。

料金を獲得する主体）が活用する方が効果的であると考えられる。

3 PPP 活用型クラウドファンディングの活用形態

　以上のとおり、PPP活用型クラウドファンディングにおいては、行政が資金を調達する場合と民間主体が調達する場合がある（図2-19）。

　このうち、行政がクラウドファンディングにより資金を調達する場合の活用形態としては、歳入確保型クラウドファンディングと同様に、「寄付型」と「購入型」になる。

　一方、民間主体がクラウドファンディングを活用する場合には、いずれの形態も活用することが可能であるが、あえて「貸付型」を採用する意義が乏しいことに加え、「株式取得型」を採用し例えばPFI事業を担うSPCの株主に市民が加わることには問題が生じる可能性がある。このため、「寄付型」、「購入型」、「ファンド出資型（狭義)」のいずれかを採用するのが基本になると考えられる。

4 PPP活用型クラウドファンディングの活用事例

1 大浜体育館建替整備運営事業（堺市）

（1）事業の概要

堺市（大阪府）が同市初の体育館として建設した大浜体育館は、体育・スポーツを行う通常の体育館機能に加え、柔道場・剣道場を有し武道の修練の場としても利用されてきた。しかし、建設後50年近くが経過し老朽化が進行、市民のニーズに十分に応えることが難しくなってきたため、安全で快適にスポーツに親しむための拠点、武道の振興を図るための拠点として、武道館を併設した体育館として建替を図ることになった。

当該事業を行うに当たっては、民間主体のノウハウ等を活かし、体育館の質の向上、体育館が立地する大浜公園と一体化した魅力の向上及び財政負担の軽減を図るため、PPPを活用することにした。具体的には、民間主体に、

○新体育館の設計・建設・管理運営・資金調達【PFI】

○既存施設である、大浜公園に立地する野球場、テニスコート、相撲場のほか、三宝公園野球場、浅香山公園野球場、土居川公園テニスコートの管理運営【PFIの一部として位置付け】

○自らのリスク・責任のもとで実施する大浜公園の魅力や利便性の向上につながる施設（自主提案施設）の整備・管理運営【付帯事業】

を一体的に委ねるPFI＋付帯事業方式を採用することにした（図2-20）。

当該事業では、民間主体が体育館と既存施設の整備・管理運営に要する費用について、利用者から得る利用料金と市から得るサービス購入料の両方で賄うジョイント・ベンチャー型を採用しており、需要リスクは市と民間主体が分担することになっている。一方、自主提案施設（付帯事業）は、民間主体が自らの責任のもと独立採算

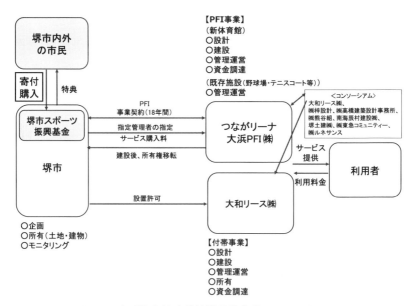

図2-20 大浜体育館建替整備運営事業のストラクチャー

（出所）堺市資料をもとに筆者作成。

で実施するため、需要リスクも民間主体が負担することになる。

　当該事業において PFI + 付帯事業方式を採用したことにより、表2-17の施設整備等が実現し、

○体育館にメインアリーナ（大コート）とサブアリーナ（小コート）を設けた上で、それを一体化し一つのアリーナとしても活用できるものとしたことにより、堺市をホームタウンとするVリーグ（バレーボール）チーム「堺ブレイザーズ」などトップチームの試合が開催可能となったこと

○併せて3,000人収容の観覧席を設け、多くの方々が臨場感あふれるプレーを快適に観戦できる環境が整備されたこと

○大浜公園内に立地する体育施設、他の公園に立地する体育施設が連携し、効率的な施設運営やサービスの質の向上が図られたこと

○自主提案施設として、大浜公園内にカフェ、クライミング施設な

表 2-17 事業の概要

(1) 事業名	大浜体育館建替整備運営事業
(2) 自治体名	堺市（大阪府）
(3) 事業主体	つながリーナ大浜 PFI（株）ほか
(4) 事業形態	PFI（ジョイント・ベンチャー型、BTO）＋付帯事業
(5) 事業期間	18 年（付帯事業：5 年以上）
(6) 民間主体の業務範囲	＜体育館＞ 設計・建設・管理運営・資金調達 ＜既存施設：大浜公園野球場、同テニスコート、同相撲場、三宝公園野球場、浅香山公園野球場、土居川公園テニスコート＞ 管理運営 ＜自主提案施設（付帯事業）＞ 自らの責任・リスクによる設計・建設・管理運営・資金調達
(7) 施設内容	＜体育館＞ メインアリーナ（48m × 44m）、小アリーナ（21m × 44m）、観覧席（3,000 席）武道館（柔道場。剣道場）、研修室、トレーニング室ほか ＜自主提案施設＞ カフェ、遊び×スポーツ施設
(8) 供用開始	2021 年 4 月

（出所）堺市資料をもとに筆者作成。

ど、子どもも楽しめる遊びとスポーツを融合した施設が整備され
たこと

等の効果があらわれている。

（2）クラウドファンディング活用の目的

堺市では、市民会館など他の公共施設において寄付を募集してい
る例があることを踏まえ、PFI を活用した本事業においても、民間
主体に対し建設・管理運営の対価として支払うサービス購入料の財
源を確保するため、また新しい体育館の知名度や愛着を高めるため、
クラウドファンディングを活用し、堺市内外の不特定多数の方々か
ら資金を募ることにしたものである。

表2-18 クラウドファンディングの概要

(1) 事業名	大浜体育館建替整備運営事業（PFI）
(2) 自治体名	堺市（大阪府）
(3) 事業主体	つながリーナ大浜PFI（株）ほか
(4) 資金調達主体	堺市
(5) 使途	大浜体育館の運営
(6) クラウドファンディングの形態	寄付型・購入型
(7) 募集金額	設定なし
(8) 募集単位	設定なし
(9) 募集期間	2018年9月〜（現在も継続中）
(10) 特典	＜寄付型＞ 30千円以上：寄附者銘板への刻銘 ＜購入型（堺市外の方を対象）＞ 10千円以上：大浜体育館応援団の入団権 30千円以上：寄附者銘板への刻銘、堺ブレイザーズ（バレーボールチーム）サポーターズクラブ入会権（フレンズ会員） 100千円以上：寄附者銘板への刻銘、堺ブレイザーズ（バレーボールチーム）サポーターズクラブ入会権（ソシオ会員）
(11) 仲介業者	トラストバンク（ふるさとチョイス）、エフレジ
(12) 結果	6.85百万円（うち堺市民2.35百万円）（2021年8月末現在、銀行振込等による寄付を含む。）
(13) 備考	集まった資金は「堺市スポーツ振興基金」に受入。

（出所）堺市資料をもとに筆者作成。

（3）クラウドファンディングの概要

　当該クラウドファンディングは、図2-20、表2-18のとおり、堺市が「寄付型」と「購入型」を用いて資金の調達を図っている。

　その際、30千円以上の資金提供者に対しては、感謝の気持ちとして寄付者銘板に刻銘がなされる（寄付型）。また、堺市外の方で10千円以上の資金提供者には大浜体育館応援団の入団権が、30千円以上の資金提供者には銘板への刻銘に加え、堺ブレイザーズのサポーターズクラブ入会権が付与され、会員証、情報誌、ホームゲーム招待券等を得ることができる（購入型）。

クラウドファンディングの目標額等は特に設定されていないが、新体育館が供用開始される前の2018年9月から募集が開始され、クラウドファンディングではない振込等による資金提供も含めると、2021年8月末段階で6.85百万円が集まっている。これらの資金は、堺市のスポーツ振興基金に積み立てられた上で、民間主体に対するサービス購入料の支払いに充てられ、新体育館の管理運営に用いられる。

　前記のとおり当該クラウドファンディングは、PFI＋付帯事業として実施された事業のPFI事業部分で活用されている。本PFI事業は、ジョイント・ベンチャー型であるため、需要リスクは市と民間主体で分担される中、本クラウドファンディングは市が募集するものとなっている。その際、利用料金を得て管理運営を担う民間主体（SPC）と特段の連携が図られることなくクラウドファンディングの募集がなされており、民間主体にとってみれば、①クラウドファンディングにより自らの資金確保には一切つながらないこと、②クラウドファンディングを、新体育館のファンづくり＝利用者の増加に連動させる取り組みを主体的に行うこともできないこと等から、当該クラウドファンディングについては静観する格好になっている。このため、市における財源確保以外の効果を十分に引き出すには至っていない状況にある。

2　原山公園再整備運営事業（堺市）

（1）事業の概要

　堺市（大阪府）南部の栂・美木多駅（泉北高速鉄道線）近くに立地する原山公園は、樹林地やため池部分が大きな面積を占め、公園として有効に活用しきれていない面があることに加え、公園内の見通しが悪く防犯上の課題も有していた。また、この公園に隣接する原山かもめ公園は、遊具など施設に傷みがみられるなど、安全性が懸念される状態にあった。

一方、隣駅の泉ヶ丘駅前に立地する市営泉ヶ丘プール（屋外プール）は多くの市民に親しまれていたが、オープン後40年以上が経過し老朽化が進行していた。

　こうした中、当該プールを含む泉ヶ丘駅周辺エリアへの近畿大学医学部と付属病院の移転が決まったことを受け、堺市では、同プールを原山公園に移転し、それに併せて原山公園の再整備を行うことにしたものである。

　原山公園の再整備に当たっては、これまでの原山公園と原山かもめ公園を一体化し、「子どもから高齢者まで誰もが健康づくりを愉しむきっかけをつくる公園」をコンセプトに、

○泉ヶ丘プールの代替機能をもつ屋外プール

○屋内プール、トレーニング施設、多目的に活用できるスタジオ等を擁する屋内施設

○多目的コート（テニス、フットサルなど）

○子ども向け遊具や健康遊具を配備した交流広場

○ゆっくりと寛ぐことのできる憩いの森、ため池、園路

等を整備し、これにより、多世代が交流する魅力的な場を形成、衰退しつつある周辺の泉北ニュータウン栂地区を活性化するための起爆剤とすることを目指すこととした。

　当該事業を実施するに当たっては、財政負担の軽減のほか公園の魅力向上を図るため、これら施設の設計・建設・管理運営・資金調達を一体的に民間主体に委ねるPFI（BTO）を活用することにした。併せて、民間主体の責任とリスクのもとで、公園内に賑わいの場、市民の交流の場となる、飲食機能をもつ便益施設の整備・管理運営も付帯事業として実施してもらうこととしている（PFI＋付帯事業）（図2-21）。

　当該事業では、民間主体が公園の再整備と管理運営に要する費用を、利用者から得る利用料金と市から得るサービス購入料の両方により賄うジョイント・ベンチャー型を採用し、需要リスクは市と民

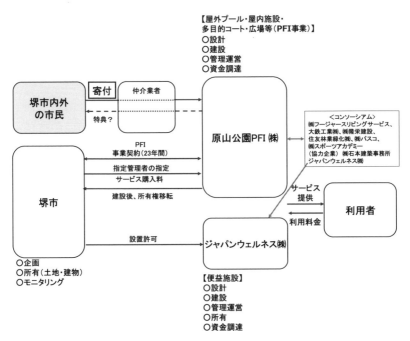

図2-21　原山公園再整備運営事業のストラクチャー

（出所）堺市資料をもとに筆者作成。

間主体により分担される。一方、付帯事業については、民間主体が
需要リスクを負担しつつ、自らの責任のもと独立採算で実施するも
のとなっている。

　当該事業においてPFI＋付帯事業方式を採用したことにより、
表2-19の施設の整備等が実現し、財政負担の軽減にも大きく寄与
している（VFM[52]：△15.7%）。

（2）クラウドファンディング活用の目的

　堺市では、市民会館など他の公共施設において寄付を募集してい
る例があることを踏まえ、PFIを活用した本事業においても、市が
追加的な財政負担をすることなしに原山公園の機能の充実等を図る

表2-19　事業の概要

(1) 事業名	原山公園再整備運営事業
(2) 自治体名	堺市（大阪府）
(3) 事業主体	原山公園PFI（株）ほか
(4) 事業形態	PFI（ジョイント・ベンチャー型、BTO）＋付帯事業
(5) 事業期間	23年（付帯事業：供用開始後5年以上）
(6) 民間主体の業務範囲	＜公園＞ 　設計・建設・管理運営・資金調達 ＜便益施設（付帯事業）＞ 　自らの責任・リスクによる設計・建設・管理運営・資金調達
(7) 施設内容	＜公園＞ ○屋外プール：流水プール、幼児用プール、スライダー等 ○屋内施設：屋内プール、トレーニング施設、多目的に活用できるスタジオ等 ○多目的コート：テニス・フットサル等 ○交流広場：子ども向け遊具や健康遊具等を配備 ○憩いの森、ため池、園路等 ＜便益施設＞ 　カフェ
(8) 供用開始	2020年9月

（出所）堺市資料をもとに筆者作成。

ための資金として、堺市内外の不特定多数の方々から資金を募るクラウドファンディングを活用することにした。

　これを受け、当該PFI事業における実施方針や入札説明書において、PFI事業者の収入の一つとして「クラウドファンディング等による寄付」を位置付け、これを原資に施設整備や運営等業務に充当することができることを明示している。加えて、事業者選定基準においても、資金調達面で、「クラウドファンディング等、市の負担によらない資金を、公園施設の更なる充実や公園の活性化、賑わいの創出に向けた取り組み等へ投資する提案がされているか。」という審査項目を設け[53]、民間主体にクラウドファンディングの活用を求める姿勢を明確に打ち出すものとなっている。

表2-20　クラウドファンディングの概要

(1)　事業名	原山公園再整備運営事業（PFI）
(2)　自治体名	堺市（大阪府）
(3)　事業主体	原山公園 PFI（株）ほか
(4)　資金調達主体	原山公園 PFI（株）
(5)　使途	原山公園の再整備・管理運営
(6)　クラウドファンディングの形態	寄付型
(7)　募集金額	
(8)　募集単位	
(9)　募集期間	
(10)特典	検討中
(11)仲介業者	
(12)結果	
(13)備考	

（出所）堺市資料をもとに筆者作成。

（3）クラウドファンディング活用の概要

　当該クラウドファンディングは、図2-21、表2-20のとおり、利用料金を得て一定の需要リスクを負いつつ運営を行う選定事業者（SPC）の原山公園 PFI（株）が、「寄付型」を用いて資金の調達を図るものである。

　PFI事業の提案時には、子どもたちの利用する遊具の整備に充てるためにクラウドファンディング活用を検討することが例として示されたが、具体性、実現可能性に欠けるものであったため、事業者選定委員会による審査講評では、「具体的な展開に向けて更なる詰めが求められる」と指摘されている。

　しかし、新型コロナ感染症の拡大等もあり、現段階では、残念ながら事業者がクラウドファンディングの活用を実現するには至っていない。

　本事業においては、PFIを活用するに当たり、実施方針、入札説明書、事業者選定基準に民間主体がクラウドファンディングを活用

することを明示した例として特筆されるが、実際に民間主体にクラウドファンディングを活用してもらうためには、

○クラウドファンディングを活用することによる効果、例えば、

　・当該事業に市民を含めた多様な主体が参加する機会を提供できること

　・市民に当事者意識が生まれることで、当該事業に対するファンが形成され、利用者の増加、サービス向上に向けたアドバイス等が得られるなど、運営面に大きく寄与すること

　等について、民間主体の理解を醸成し、事業に役立つ手法として能動的に取り組んでもらうこと

○当該事業でクラウドファンディングを活用することについて、要求水準書にも明示するなど、行政としてより強いメッセージを発するとともに、提案の実施状況についてモニタリングし、十分に実施されていない場合にはペナルティを課す仕組みを組み込むこと

○事業者選定委員会における指摘を踏まえ、クラウドファンディング活用にかかる具体的な計画を確認した上で契約を締結すること

等が重要な課題になると考えられる。

3　大腸がん検診・精密検査受診勧奨事業（広島県ほか）

（1）事業の概要[54]

　国内におけるがんの死亡者は年間30万人を超え、死亡する要因の第1位となっている。がんによる死亡の抑制には早期発見と早期治療が必要とされており、そのためにはがん検診の受診が重要な課題となっている。

　広島県においても、死亡要因の第1位はがんであり、特に大腸がんによる死亡率が11％と高くなっている。こうした現状を踏まえ、広島県では、がんの予防・がん検診、がん医療、がんとの共生を柱とする「がん対策推進計画」を策定し、総合的ながん対策を推進、

その一環としてがん検診啓発キャンペーン等を実施してきた。これらの取り組みにより、がん検診に対する県民の認知度は8割を超えるものとなったが、実際の検診受診率は全国平均を下回り（例えば、大腸がんの受診率は38.8％（全国平均：41.4％）であり全国第36位）、啓発した効果が受診行動につながっていない状況にあった。

こうした中、県では、がん検診の実施主体である市町村に対する啓蒙普及に努めていたところ、八王子市がPFS（SIB）を活用した大腸がん検診・精密検査受診率向上事業を実施し、一定の効果をあげたことを知ることとなり、同様の事業を県下の市町村と連携して実施することにした。

当該事業は、広島県が、当該事業に賛同した県下の6市（竹原市・尾道市・福山市・府中市・三次市・庄原市）と連携し、実績・ノウハウ等をもつ民間主体に、

・国民健康保険加入者を対象とした大腸がん検診の受診の勧奨
・がん検診で異常が認められた方を対象とする精密検査の未受診者に対する検査受診の勧奨

について、委託を図るものである。その際、委託した民間主体における取り組みの成果に連動して委託費を支払うPFS（SIB）を採用している（図2-22、表2-21）。

具体的な事業の内容・流れは以下のとおりである。
○広島県と県下6市は、各自治体それぞれが（株）キャンサースキャンと上記事業にかかる委託契約を締結する。
○経済産業省における健康寿命延伸産業創出推進事業により派遣されたケイスリー（株）が中間支援組織となり、当該事業の組成、受託者のサービス提供支援等を行う。
○県は、ケイスリー（株）の支援のもと、業績評価指標（KPI）として設定した①大腸がん検診受診者数、②精密検査受診率の達成度の評価を行う（第三者評価機関は設定せず）。
○県と6市は、事業実施の対価として、受託者である（株）キャン

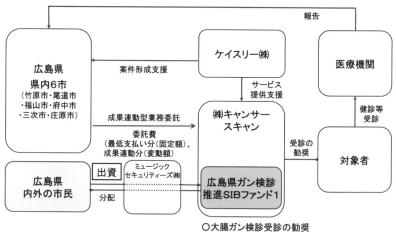

図2-22　大腸がん検診・精密検査受診勧奨事業のストラクチャー

（出所）広島県ほか（2021）、経済産業省ほか（2022）、ミュージックセキュリティーズ（株）
　　　　資料等をもとに筆者作成。

表2-21　事業の概要

(1) 事業名	大腸がん検診・精密検査受診勧奨事業
(2) 自治体名	広島県及び県内6市（竹原市・尾道市・福山市・府中市・三次市・庄原市）
(3) 事業主体	（株）キャンサースキャン（中間支援組織：ケイスリー（株））
(4) 事業形態	成果連動型業務委託（PFS → SIB）
(5) 事業期間	2年
(6) 事業内容	○大腸がん検診の勧奨 ○がん検診で異常が認められた方を対象とする精密検査未受診者に対する受診の勧奨
(7) 事業開始	2018年10月
(8) 結果	○大腸がん検診受診者数：＋1,515人 ○精密検査受診率：＋6.09%

（出所）広島県ほか（2021）、経済産業省ほか（2022）等をもとに筆者作成。

サースキャンに委託費を支払う。この委託費には、最低支払い分（固定委託費）と成果連動分（変動委託費）の二つが設定されている。

・最低支払い分：受診勧奨資材作成費や郵送費等の事業費実費分であり、6市が固定額を支払う（予算額：3.88百万円）。

・成果連動分：KPIとして設定した①大腸がん検診受診者数、②精密検査受診率の達成度について評価し、その評価結果（成果）に基づき、事前に定められている委託費（変動費）を広島県が支払う（予算額：18.41百万円（上限額））。

このように、当該事業における需要リスクは、行政が一部を負担しつつ、主に民間主体が負う格好となっている。

○（株）キャンサースキャンは、当該事業に要する資金を、金融機関からの借入金[55]、一般財団法人社会的投資推進財団からの投資及びクラウドファンディングにより調達する。

これらの取り組みの結果、大腸がん検診受診者数については1,515人増加、精密検査受診率については6.09％ポイント上昇し、一定の効果を実現するに至っている。

一方、がん検診の受診対象者（受診勧奨を行う方の母数）の減少、自治体間における調整や災害の発生等に伴う勧奨を行う期間の短縮など、民間主体の責が及ばない事由もあり、大幅に受診者数や受診率を増加させるには至っていない。その結果、成果連動分の支払い（変動委託費）は、支払い上限額の4分の1に相当する4.57百万円にとどまっている[56]。

（2）クラウドファンディング活用の目的

当該事業に要する資金の一部については、以下の理由から、前記のとおり当該事業に共感する不特定多数の方々から資金を得るクラウドファンディングを活用することにしている。

表2-22　クラウドファンディングの概要

(1) 事業名	大腸がん検診・精密検査受診勧奨事業（成果連動型業務委託（PFS → SIB）
(2) 自治体名	広島県及び県内6市（竹原市・尾道市・福山市・府中市・三次市・庄原市）
(3) 事業主体	（株）キャンサースキャン
(4) 資金調達主体	（株）キャンサースキャン
(5) 使途	大腸がん検診・検診受診後の精密検査受診の促進
(6) クラウドファンディングの形態	投資型（ファンド出資（狭義））
(7) 募集金額	6.63百万円
(8) 募集単位	31.5千円
(9) 募集期間	2年
(10) 特典	なし
(11) 仲介業者	ミュージックセキュリティーズ（株）
(12) 結果	6.63百万円（138人）
(13) 備考	同事業において企業を対象とする別ファンドを組成（募集額：5,450千円（1口50千円）し、社会的投資推進財団（1名）から調達している。これは、上記個人投資家向けファンドより分配が劣後する。

（出所）ミュージックセキュリティーズ（株）資料をもとに筆者作成。

○地域の社会的課題については、当該地域に居住する方々が中心になって資金を提供するなど、市民が協力して解決することが望ましいと考えたこと。

○資金を提供することで当該事業に対する関心を高め、検診受診の重要性を認識してもらい、受診行動につなげること。

（3）クラウドファンディング活用の概要

　当該クラウドファンディングは、図2-22、表2-22のとおり、広島県等からPFS（SIB）を活用する業務を受託した（株）キャンサースキャンが、「投資型」（ファンド出資（狭義））を用いて資金の調達を図るものであり、資金提供者には、当該事業により得た収益（成果連動分の変動委託費）から経済的リターンが分配される。

すなわち、資金提供者に分配される金額は成果に連動するものとなっている。なお、このほかモノ・サービスの提供等の特典は付されていない。

　ファンド出資（狭義）の目標額を6.63百万円と設定し、仲介業者であるミュージックセキュリティーズ（株）を介して資金を募集したところ、目標額全額を確保するに至っている。

　当該事業の需要リスクは、前記のとおり広島県等が一部を負担しつつ、主に受託者である（株）キャンサースキャンが負う格好となっており、当社がクラウドファンディングを実施することで、検診受診者数の増加や受診率の向上という成果につなげることが可能となっている。

　しかし、
○仲介業者の主要顧客層が首都圏在住の方であったため、広島県、中でも当該事業に参加した6市の居住者に対する資金提供のアプローチが十分ではなかったこと
○前記のとおり、がん検診受診対象者の減少、勧奨期間の短縮等により、思うように事業を遂行できなかったこと
等から、高い成果を実現するには至らず、資金提供者に対する分配率も元金の7割にとどまる結果となっている。

4　富山市役所本庁舎北側公有地活用事業（富山市）

（1）事業の概要

　富山市（富山県）では、教職員研修や教育相談等を行うための教育センターが老朽化し移転する必要に迫られていたほか、市役所本庁舎の執務スペースや会議室が不足しその拡充が求められていたことから、これらの機能をもつ公共施設の整備が課題となっていた。

　一方、同市では、駅等を中心とした徒歩圏に居住・商業・業務・文化等の都市機能を集積し、それを公共交通で結ぶ「団子と串の都市構造」をベースとしたコンパクトなまちづくりを推進している。

その中では、多様な世代が安全・安心かつ快適に暮らせ、質の高い多様なライフスタイルを実現できる中心市街地を目指し、まちなかに市民・来訪者・在勤者等のニーズに対応した都市機能の充実を図ることを重要な課題としている。

　こうした状況を踏まえ、同市では、市役所の北側に所有している土地を活用し、上記機能をもつ公共施設と都市機能施設（民間施設）を一体的に整備することにした。整備する手法としては、市有地を民間主体に売却[57]した上で、上記施設を一体的に整備してもらい、公共施設部分については市が賃借し管理運営する（民設公営（施設借用））一方、都市機能施設（民間施設）については民間主体が自らのリスクと責任のもとで管理運営する（公有資産活用型）、すなわち公共サービス型（民設公営）と公有資産型を組み合わせたPPPを採用している（図2-23）。

　これらの施設は民間主体が資金を調達して整備することになるが、公共施設部分については最終的に行政が賃借料を支払うことにより負担（需要リスクも行政が負担）する一方、民間施設部分については民間主体が基本的に需要リスクを含むリスク全般を負担し、自らの責任のもと独立採算で実施することになっている。

　こうした手法を採用して整備した結果、同市は自ら公共施設を整備するよりも財政負担の軽減が図られるとともに、民間主体により自習室、保育所、スポーツクラブ、オフィス等の都市機能をもつ施設が整備され、コンパクトシティの推進に寄与することが期待されている（表2-23）。

（2）クラウドファンディング活用の目的

　当該事業を担うために設立されたSPCである（株）PPP新桜の構成員である（株）ホクタテは、民間施設部分をSPCから借り受け事業を実施する形をとっているが、その中に、市外からの出張者、近くのオフィスに勤務する自己啓発意欲や学習意欲の高い社会人、

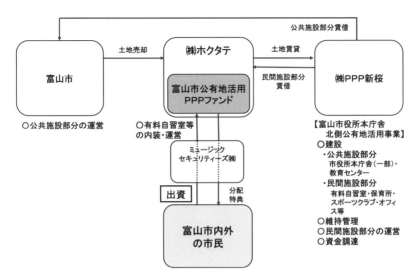

図2-23 富山市役所本庁舎北側公有地活用事業のストラクチャー

（出所）富山市資料をもとに筆者作成。

表2-23 事業の概要

(1)	事業名	富山市役所本庁舎北側公有地活用事業
(2)	自治体名	富山市
(3)	事業主体	（株）PPP新桜
(4)	事業形態	公共サービス型（民設公営（施設借用））・公有資産活用型（公有地の売却）
(5)	事業期間	32年
(6)	民間主体の業務範囲	＜施設全体＞ 設計・建設・維持管理・資金調達 ＜うち民間施設部分＞ 管理運営
(7)	施設内容	＜公共施設部分＞【公共サービス型（民設公営（施設借用））】 市役所本庁舎の一部機能及び教育センター（執務室・会議室） ＜民間施設部分＞【公有資産活用型】 有料自習室、保育所、スポーツクラブ、オフィス等
(8)	供用開始	2021年4月

（出所）富山市資料をもとに筆者作成。

表2-24　クラウドファンディングの概要

(1) 事業名	富山市役所本庁舎北側公有地活用事業
(2) 自治体名	富山市
(3) 事業主体	（株）PPP新桜／（株）ホクタテ
(4) 資金調達主体	（株）ホクタテ
(5) 使途	民間施設のうち有料自習室の整備・運営
(6) クラウドファンディングの形態	投資型（ファンド出資（狭義））
(7) 募集金額	30百万円
(8) 募集単位	52.5千円
(9) 募集期間	3年
(10) 特典	有料自習室会員券（7.5千円相当・送料込）
(11) 仲介業者	ミュージックセキュリティーズ（株）
(12) 結果	12百万円（55人）
(13) 備考	―

（出所）富山市資料、ミュージックセキュリティーズ（株）資料をもとに筆者作成。

近くの学習塾等に通う中高生等からのニーズが強い自習室（有料）を設置することにした。

　その内装等や管理運営に要する資金を調達するとともに、当該自習室の知名度向上と利用者増を図るため、（株）ホクタテとして、当該事業に共感した富山市内外の不特定多数の方々から資金的な協力を得るクラウドファンディングを活用することにしたものである。

（3）クラウドファンディングの概要

　当該クラウドファンディングは、図2-23、表2-24のとおり、有料自習室の内装等や管理運営を行うための資金として、（株）ホクタテが、「投資型」（ファンド出資（狭義））を用いて調達を行うものである。資金提供者には、当該事業により得た収益から経済的リターンが分配されるとともに、有料自習室の会員券（7.5千円相当（送料を含む）が特典として付与される。

　仲介業者であるミュージックセキュリティーズ（株）を介し、目

標額を30百万円と設定してクラウドファンディングを募集したところ、目標額には及ばないながら12百万円の資金を確保し得ている。

当該事業の需要リスクを負う（株）ホクタテがクラウドファンディングを実施していることで、資金を提供したことにより当事者意識をもつことになる市民の利用増につなげることが可能となっているが、仲介業者の主要顧客層が首都圏在住者であり、当該施設の主要顧客層（富山市民）と必ずしもマッチしていないため[58]、こうした効果を十分に得るには至っていない状況にある。

5　活用事例のまとめ

これらの事例等を通じ、PPP活用型クラウドファンディングの活用について得られたインプリケーションは、以下のとおりである。

○現段階ではまだ活用実績が少ないものの、PFI、PFS、公有資産活用型など、多様なPPPの事業形態においてクラウドファンディングを活用する動きがみられ始めていること[59]。

○クラウドファンディングも、寄付型、購入型、投資型（ファンド出資（狭義））と多様な形態が用いられているほか、クラウドファンディングではない振込等を併用することを通じ、より資金の提供を得やすい環境を設定している例もみられること。

○クラウドファンディングを活用した効果としては、事業により差があり、全般的に十分な効果を発揮するには至っていないものの、当該事業に必要な財源の確保にはつながっていること。

○一方、主に需要リスクを負担する主体がクラウドファンディングにより資金を調達していないケースが散見され、その場合、当該事業のファンづくり＝利用者の拡大に十分につなげることができていないこと。

○また、クラウドファンディングによる資金提供者と当該事業の対象者（施設等の利用者）間にミスマッチがあることも、当該事業における利用者の拡大につなげられていない要因になっているこ

と。

○加えて、購入型の経済的リターン、寄付型や投資型の特典の工夫が十分ではないため、資金提供者が魅力を感じること、当該事業における利用者の増加につなげることが実現できていないこと。

○ PPP事業で、クラウドファンディングを行政が活用する場合、民間主体が活用する場合いずれにおいても、官民間でクラウドファンディングを活用する目的、狙う効果等を共有し、クラウドファンディングの活用方法（形態、経済的リターン、特典等を含む）、それを利用者の増加につなげる仕組み等について、共に検討し協働していくことが求められること。

第7章 政策実現型クラウドファンディング
——地域の民間主体の資金調達等の支援

1 政策実現型クラウドファンディングの意義

　政策実現型クラウドファンディングは、地域の民間主体（企業等）が事業を実施するに当たり、地方自治体が支援することにより、当該事業に共感した不特定多数の人々からクラウドファンディングで資金の調達等を図りやすい環境を整えるものである。これに伴い、クラウドファンディング活用による多様な効果を地域として享受し、中小企業の育成、地場産業の振興、まちづくりの推進、地域社会の維持・発展といった政策実現を図ることが可能となる。

　政策実現型クラウドファンディングは、クラウドファンディングを活用するのが民間主体であるため、クラウドファンディングの形態すべて（寄付型、購入型、投資型）の活用が可能であり、どの形態を支援対象とするかは地方自治体としての考え方如何である[60]。

2 政策実現型クラウドファンディングにおける地方自治体の支援内容

1 概要

　民間主体が多様な効果をもつクラウドファンディングを容易に活用できるように、地方自治体が支援し環境を整える方法としては、図2-24のとおり、

①民間主体がクラウドファンディングを活用する際に発生する初期費用負担の軽減を図る**資金面の支援**

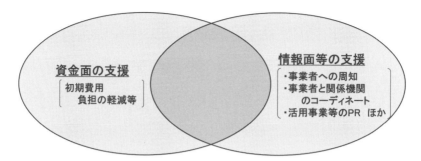

図2-24　政策実現型クラウドファンディングにおける地方自治体の支援内容

（出所）筆者作成。

②民間主体へのクラウドファンディングの内容・メリット等にかかる情報の提供、民間主体と関係機関（仲介機関・協力機関等）とのコーディネートなど、**情報面等の支援**

があり、両者を併用しているケースも多い。

2　資金面の支援

　民間主体がクラウドファンディングを活用するに当たっては、仲介業者を介することになるが、その際、仲介業者にファンドの組成・募集・運営を行ってもらう対価として、仲介手数料等を支払うことになる。この手数料については、資金調達額の15～20％に設定している仲介業者が多いこともあり、民間主体にとってはこの手数料等の初期費用負担が重く感じられ[61]、それが多様な効果をもつクラウドファンディングの活用を阻む要因の一つともなっている。

　こうした問題を解消し、地域の民間主体にとってクラウドファンディングを活用しやすい環境を整えるため、地方自治体が、補助金の支出等による資金面の支援を行い、民間主体の支払う初期費用負担の軽減を図るものである（図2-25）。

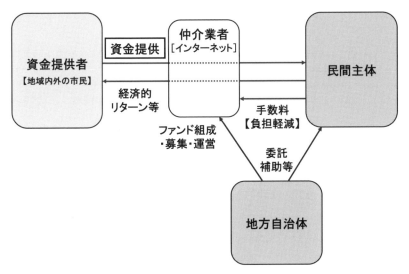

図2-25　民間主体のクラウドファンディング活用を自治体が資金面で支援す
る場合のストラクチャー（例）

（出所）筆者作成。

3　情報面等の支援

　地域で事業を行っている民間主体においては、いまだクラウド
ファンディングの具体的な内容、クラウドファンディングを活用す
ることによる効果等について認知・理解していない者が多い。また、
認知はしていても、仲介業者へのアプローチなどクラウドファン
ディングを活用するためのプロセスがわからず、活用に至っていな
いケースも見受けられる。

　こうした問題を解決するため、地方自治体が、民間主体に対し、
○クラウドファンディングの仕組み、内容、効果、活用プロセス等
　に関する情報の提供・啓蒙
○仲介業者や地域の協力機関等の関係機関の紹介・コーディネート
○活用に向けた事業計画策定に対するアドバイス
など情報面等にかかる支援を図り、地域の民間主体にとってクラウ
ドファンディングを活用しやすい環境を整えるものである[62]（図

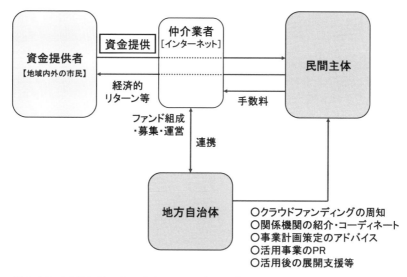

図2-26 民間主体のクラウドファンディング活用を自治体が情報面等で支援
する場合のストラクチャー（例）

（注）情報面等の支援は、地域の金融機関・経済団体と連携して実施されることが多い。
（出所）筆者作成。

2-26）。

加えて、

〇クラウドファンディングを活用した事業、当該事業により生産さ
れたモノ・サービスに関する情報発信・PR

〇クラウドファンディング活用後の事業展開に有効な情報の提供

など、活用後の事業推進についても、情報面を中心にサポートを図
ろうとするケースもある。

こうした情報面等の支援については、多くの場合、地域の金融機
関・経済団体等と連携協定を締結し、これら協力機関と連携しなが
ら実施されている。

③ 政策実現型クラウドファンディングにおける地方自治体の支援形態

1 地方自治体における支援の区分

　地方自治体がクラウドファンディングを活用する民間主体に対し、こうした資金面、情報面等を通じた支援を行うに当たっては、その支援を実際に行う主体によって、

①地方自治体自らが実施する場合

②クラウドファンディングの対象とする事業分野等について、地域で専門的に支援している機関（産業支援機関等）を活用して実施する場合

に区分することができる（**支援主体による区分**）。

　他方、クラウドファンディング活用に伴う初期費用負担の軽減を図るために資金面で支援する方法によっても、

ⓐ仲介手数料等の初期費用負担を対象として、事業者に対し補助金を支出する場合

ⓑ仲介業者にクラウドファンディングを活用する事業の募集支援、地域の関係者におけるクラウドファンディングの理解醸成等の業務を委託することを通じ、仲介業者におけるクラウドファンディング活用事業の発掘・創出コストを実質的に低減し、それにより仲介業者が民間主体から受け取る仲介手数料を抑えてもらう場合

の二つに区分することができる（**資金面での支援方法による区分**）。

　これらそれぞれについてのメリット等を考察すると、以下のとおりである（表2-25）。

○①自治体直轄により支援する場合については、自治体が自らの責任のもとで自由度をもって直接業務を遂行できること。

○②専門的な支援機関を活用して支援する場合には、当該支援機関のもつ多様なネットワーク、これまでに培ってきたノウハウ・専門性等が発揮されるとともに、通常の業務と連動した取り組みが

表 2-25　政策実現型クラウドファンディングにおける自治体支援の区分別メ
　　　　リット・デメリット

区　　　分		メリット
支援主体による区分	① 自治体直轄による支援	○自治体が自らの責任のもと、自由度をもって直接業務を遂行可能
	② 支援機関を活用した支援	○支援機関のもつネットワーク、ノウハウ・専門性等を活用可能 ○支援機関の通常の業務と連動した取り組みが可能
資金面での支援方法による区分	ⓐ 補助金等支出による支援	○クラウドファンディング活用事業者にとってのわかりやすさ ○活用するクラウドファンディングの形態や仲介業者を自由に選択可能
	ⓑ 仲介業者への委託による支援	○仲介業者のもつノウハウ等を活用した、資金面以外の情報面等の支援を獲得することが可能 ○自治体における手続きが相対的に容易

（出所）筆者作成。

可能となるため、より充実した支援が期待されること。
○ⓐ補助金等の支出による支援は、クラウドファンディングを活用
する民間主体にとって自治体の支援内容等がわかりやすいこと。
加えて、活用するクラウドファンディングの形態や仲介業者を民
間主体が自由に選択できるケースが多く、使い勝手がいいこと。
○ⓑ仲介業者への委託による支援においては、資金面の支援だけで
はなく、仲介業者のノウハウ等を活用した情報面等の支援も併せ
て得ることができるほか、自治体にとっては各事業者に対し補助
金等を支出するよりも手続きが容易であること。

　なお、②支援機関を活用した支援は、地方自治体が支援機関に対
し当該業務を委託して実施するケースが多いが、この場合は公共

		自治体による資金面での支援方法	
		事業者への補助金の支出	仲介業者への委託
支援主体	自治体 （直轄事業）	自治体直轄／補助金支出型	自治体直轄／委託型
	支援機関 （委託）	支援機関活用／補助金支出型	支援機関活用／委託型

図 2 -27　地方自治体の政策実現型クラウドファンディングにおける支援形態
　　　　　（分類）

（出所）佐野（2021）をもとに筆者作成。

サービス型（業務委託）による PPP を活用したクラウドファンディング活用支援と位置付けることができる。また、ⓐは補助金支出を通じた連動・協働型による PPP、ⓑは②同様に公共サービス型（業務委託）による PPP となる。このように、政策実現型クラウドファンディングは PPP を駆使しながら実施されているということができよう[63]。

2　地方自治体における支援形態（分類）

　この支援主体による区分と資金面での支援方法による区分を組み合せると、地方自治体における支援形態は、以下の四つに分類される（図 2 -27）。地方自治体においては、これらの中から、自らがおかれている現状を踏まえ、上記の特徴（メリット・デメリット）を見極めながら、最適な支援形態を選択することが求められる。

（1）自治体直轄／補助金支出型

　地方自治体自らが、情報面等の支援を行うとともに、クラウド

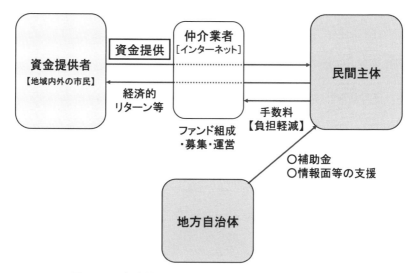

図 2-28　自治体直轄／補助金支出型のストラクチャー

（出所）筆者作成。

ファンディングを活用する民間主体に補助金等を支出することにより初期費用負担の軽減を図る支援を行うもの（図 2-28）。

（2）自治体直轄／委託型

　地方自治体自らが、情報面等の支援を行うとともに、仲介業者に委託することにより民間主体の初期費用負担の軽減を図る支援を行うもの（図 2-29）。

（3）支援機関活用／補助金支出型

　地方自治体が専門機関を活用し、情報面等の支援を行うとともに、クラウドファンディングを活用する民間主体に補助金等を支出することにより初期費用負担の軽減を図る支援を行うもの（図 2-30）。

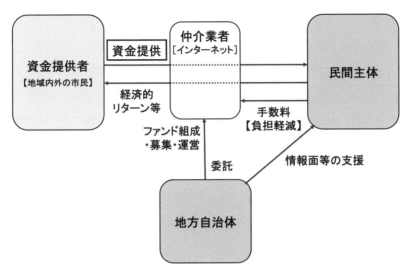

図 2 -29　自治体直轄／委託型のストラクチャー

（出所）筆者作成。

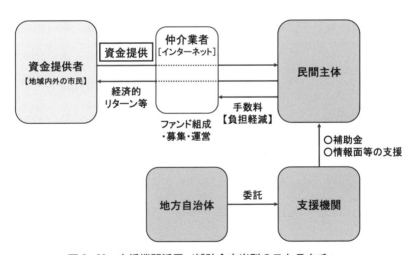

図 2 -30　支援機関活用／補助金支出型のストラクチャー

（出所）筆者作成。

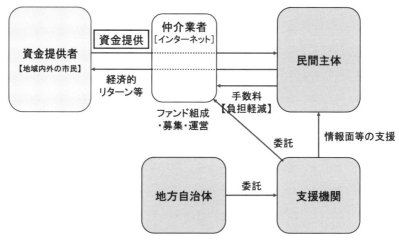

図 2 -31　支援機関活用／委託型のストラクチャー

（出所）筆者作成。

（4）支援機関活用／委託型

　地方自治体が専門機関を活用し、情報面等の支援を行うとともに、当該専門機関が仲介業者に委託することにより民間主体の初期費用負担の軽減を図る支援を行うもの（図 2 -31）。

[4] 政策実現型クラウドファンディングの活用事例

1　千葉市クラウドファンディング活用支援事業（千葉市）

（1）事業の背景・目的

　千葉市（千葉県）では、市内における創業や新規事業の創出に取り組む中、連携している公益財団法人千葉市産業振興財団（以下、産業振興財団）や市内の事業者から、注目が集まっているクラウドファンディングの活用について相談・要望がなされた。これを受けて検討した結果、クラウドファンディングは、中小企業者等が資金調達を図る手段として、また販路の開拓に寄与する手段として有効

表 2 -26　事業の概要

(1) 事業名	千葉市クラウドファンディング活用支援事業
(2) 自治体名	千葉市（千葉県）
(3) 目的	千葉市経済の活性化
(4) 支援形態（分類）	自治体直轄／補助金支出型 ・支援主体：千葉市 ・資金支援方法：活用事業者への補助（1 社当たり 250 千円を上限（補助率 1/2））
(5) クラウドファンディングの形態	投資型（ファンド出資・株式取得）、購入型【事業者の選択】
(6) 事業者の初期費用負担	通常費用 ― 補助金額
(7) 対象事業	○創業して行う事業 ○新商品・新サービスの企画・開発を図る事業 ○新たな事業分野に展開する事業
(8) 事業期間	2019 年度〜（継続中）
(9) 連携・協力機関	公益財団法人千葉市産業振興財団と連携（本事業の広報、事業計画の策定支援等）
(10) 実績	選定（ファンド組成）：3 件（すべて購入型）
(11) 備考	○事業者を対象とするセミナー（基礎編・実践編）を開催し、クラウドファンディング活用に向けた啓蒙も併せて実施。 ○仲介業者は事業者が選択。

（出所）千葉市資料をもとに筆者作成。

であることがわかり、市として、市内の民間主体が当該事業に共感した不特定多数の方々から資金的な協力を得るクラウドファンディングの活用を支援することにしたものである。

（2）事業内容

　当該事業では、市内で創業して行う事業、市内に主たる事務所を有する中小企業者等が新商品・新サービスの企画・開発を図る事業、新たな事業分野に展開する事業を行うに当たってクラウドファンディングを活用することを、市自らが以下により支援している（自治体直轄／補助金支出型）（表 2 -26、図 2 -32）。

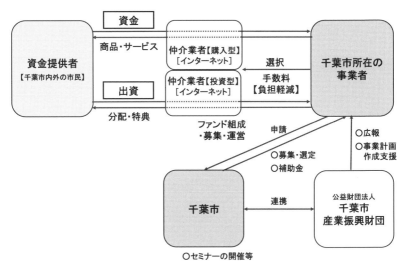

図 2-32　千葉市クラウドファンディング活用支援事業のストラクチャー

（出所）千葉市資料をもとに筆者作成。

〈資金面の支援〉

　民間主体が仲介業者に支払う手数料等の初期負担を軽減するため、当該民間主体に補助金を支出する（補助率は対象経費の2分の1で、上限は250千円）。

　この結果、民間主体の初期費用負担は、実際に要した費用から当該補助金の受領額を差し引いた金額となる。

〈情報面等の支援〉

○セミナーの開催等を通じたクラウドファンディングにかかる基礎的内容、実際の活用に向けた方法等の理解醸成

○市内事業者に対するクラウドファンディングのPR、事業計画の作成支援（産業振興財団と連携して実施[64]）

　当該事業の対象となるクラウドファンディングの形態は、経済的

リターンを伴わない寄付型を除く形態、すなわち購入型と投資型（ファンド出資、株式取得）であり、事業者が自らの責任のもと、仲介業者も含めて選択できる形をとっている。

応募のあった事業については、主に産業振興財団に所属するコーディネータにより構成される審査会において、①当該事業の新規性・独自性、②顧客ターゲット、③当該事業の事業性・発展性、④事業者の経営姿勢をもとに審査され、選定される。

（3）事業の結果等

当該事業は2019年度に開始されて以降、3件の活用実績があり（いずれも購入型）、持ち歩きのできるコンパクトなバーベキューコンロ、小型化した財布の開発を図る事業においては、目標額の10数倍の資金を集めるに至っている。

当該事業により、市内事業者におけるクラウドファンディングの活用が促進され、その結果、必要資金が確保されているほか、中には、当事者意識をもった資金提供者からのアドバイスを得て商品の改善がなされた事業も生まれている。

一方、クラウドファンディングを活用する事業者の発掘については、市自らが行うには限界がある中、連携する産業振興財団の任意による支援に委ねられており、市内の金融機関や経済団体等との連携も行われていない。このため、市内の事業者に、クラウドファンディングの意義や効果等に加え、クラウドファンディングの活用を支援する本事業についても、十分に認知・浸透しておらず、活用実績が伸びていない状況にある。

また、クラウドファンディングが活用された事業をフォローし、その成長・発展につなげていくことも、今後の課題となっている。

2　ふるさと「はりま」応援ファンド事業（加古川市ほか）

（1）事業の背景・目的

　加古川市（兵庫県）は、「まち・ひと・しごと創生総合戦略」において、地方創生を推進するための基本目標として、「地域への新しい人の流れをつくる」、「地域における安定した雇用を創出する」等を掲げており、それを実現するために、①市のイメージアップや認知度の向上、②地域産業の活性化、③起業や創業の促進を図る手段として、クラウドファンディング等の活用を位置付けている。

　これを踏まえ、同市では、地域の事業者を元気企業として広く全国に発信し、地域のブランド化等による雇用の創出、インバウンド需要の取り込みを通じた「稼げるまち」の推進を図るため、地域の事業に共感した不特定多数の方々から資金的な協力を得て、地域の事業者の資金調達や販路拡大等につながるクラウドファンディングの活用を支援することにしたものである。

　その際、加古川市単独で行うのではなく、東播磨として関係性の特に強い稲美町、播磨町と連携し、「ふるさと『はりま』応援ファンド事業」として、広域的な取り組みを行うことにしている。

（2）事業内容

　当該事業の対象は、3自治体内に主たる事務所を有する中小企業者等が実施する、

○地域の特色を活かしたプロジェクトであり、地域経済の活性化や地域のブランド化、ひいては希望と活力に満ちた魅力あふれる地域の実現につながる事業

○地域に対する愛着や誇りの醸成に寄与する事業

○クラウドファンディングによる資金調達規模が一定額[65]以上であって、その資金使途が設備投資など当該事業で新たに発生する費用であるもの

である。加古川市自らが、公募して選定した仲介業者であるミュー

表2-27　事業の概要

(1) 事業名	ふるさと「はりま」応援ファンド
(2) 自治体名	加古川市が稲美町・播磨町と連携して実施（いずれも兵庫県）
(3) 目的	地域のブランド化等による雇用の創出、インバウンド需要の取り込みを通じた稼げるまちの創造
(4) 支援形態（分類）	自治体直轄／委託型 ・支援主体：加古川市 ・資金支援方法：仲介業者に委託（活用事業の募集・運営支援）
(5) クラウドファンディングの形態	投資型（ファンド出資）・購入型
(6) 事業者の初期費用負担	なし
(7) 対象事業	○地域の特色を活かしたプロジェクトで、地域経済の活性化や地域のブランド化につながる事業 ○地域に対する愛着や誇りの醸成に寄与する事業 ○クラウドファンディングによる資金調達規模が概ね3百万円以上（購入型は0.5百万円以上）であり、資金使途が当該事業で新たに発生する費用であるもの
(8) 事業期間	2016 〜 2017年度（2年度）
(9) 連携・協力機関	―
(10) 実績	ファンド組成：14件（うちファンド出資9件）
(11) 備考	仲介業者としてミュージックセキュリティーズ（株）を選定（購入型はMOTTAINAIもっとが担当）。

（出所）加古川市資料、ミュージックセキュリティーズ（株）資料をもとに筆者作成。

ジックセキュリティーズ（株）に委託しつつ支援する形をとっている（自治体直轄／委託型）（表2-27、図2-33）。

〈資金面の支援〉

　加古川市が仲介業者であるミュージックセキュリティーズ（株）に、当該事業を活用する事業者の募集・選定、クラウドファンディングの組成等を支援する業務を委託し、それにより仲介業者におけるクラウドファンディング活用事業の発掘・創出に必要なコストを実質的に低減させることを通じ、民間主体が仲介業者に支払う手数料等の初期負担をゼロとしている。

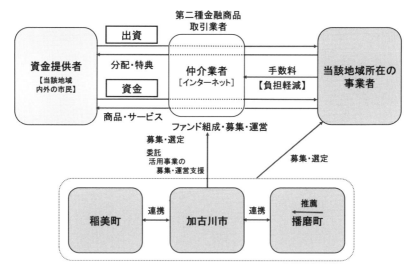

図2-33　ふるさと「はりま」応援ファンドのストラクチャー

（出所）加古川市資料、ミュージックセキュリティーズ（株）資料をもとに筆者作成。

〈情報面等の支援〉

　上記仲介業者に以下の業務を併せて委託し、仲介業者を通じた情報面等に関する支援も実施している。

○域内の事業者や関係者向けのセミナーの開催等を通じたクラウドファンディングの啓蒙・理解の醸成

○支援対象事業の磨き上げのためのアドバイス、プロモーションの支援

○域内事業者に対しアドバイスをする専門家のための相談会の開催、クラウドファンディングアドバイザーの育成等

　当該事業の対象となるクラウドファンディングの形態は、基本的に投資型（ファンド出資）であり、購入型も採用することが可能となっている。

　応募のあった事業については、3自治体で組織する実行委員会に

おいて、①地方創生推進に対する貢献度（地域の資源・特色の活用、地域の課題解決、独創的な技術・アイディアの活用）、②応援者（潜在顧客）の開拓・形成の必要性、③市民の共感性、④事業計画の実現可能性等につき審査され、選定されることになっている。

（3）事業の結果等

　当該事業は2016 ～ 2017年度に実施され、14件がファンド組成に至っている（うち投資型（ファンド出資）9件）。これにより、地域のブランド牛の肥育や加工品の開発・生産、一番摘みの海苔製品の生産、自然栽培野菜の加工品の商品化等に必要な資金が確保されたほか、一部では販路の開拓等にもつながるなど、地域資源を活用した事業の推進に寄与するものとなっている。

3　京町家まちづくりクラウドファンディング支援事業（京都市）

（1）事業の背景・目的

　京町家とは、京都の市街地に残る、第二次世界大戦前に建設された伝統的な店舗併用型の木造住宅である[66]。2017年現在で40千軒が残存し[67]、京都の生活文化を支えるとともに、街並み形成の基礎として重要な価値を有している。

　しかし、京町家は、建設されてから相当の時間が経過し老朽化が進む中、所有者等における維持・修繕費負担が大きいこともあり、7年前に比べ5,602軒（△16％）が減失、空室率も15％に達するなど、次第に現代的な戸建て住宅、マンション、商業ビル、駐車場へと姿をかえる状況にある。

　京都の生活文化や街並みを支える大切な財産である京町家がこのように失われていくことに対する危機感は大きく、京都市では、「京町家再生プラン」の策定（2000年）、「京都市京町家の保全及び継承に関する条例」の制定（2017年）、「京都市京町家保全・継承推進計画」（2019年）の策定を図り、京町家の保全・継承に向けた取

り組みを進めている。

　一方、一般財団法人民間都市開発推進機構（以下、民都機構）では、まちづくりを推進するための施策として、クラウドファンディングをまちづくりに活用することを支援する「クラウドファンディング活用型まちづくりファンド」を2015年度に創設した。

　京都市では、国土交通省から当ファンドが空き家等の利活用に資する事業も対象になるという情報の提供を受けたこともあり、大きな課題となっている京町家の保全・継承に向け、空き家になっている京町家の再生・活用を通じた京都らしいまちづくりを推進するため、その趣旨に共感した不特定多数の方々から資金的な協力を得るクラウドファンディングの活用を、民都機構と連携し支援することにしたものである。

（2）事業内容

　民都機構の「クラウドファンディング活用型まちづくりファンド」においては、地方自治体と民都機構が資金を拠出してまちづくりファンドを組成する必要があるため、京町家の保全・再生を業務の重要な柱としている公益財団法人京都市景観・まちづくりセンター（以下、景観まちづくりセンター）内に、京都市と民都機構から得た補助・助成により「京町家まちづくりクラウドファンディング支援基金」を設定している。

　その上で、事業者が一定の要件を満たす京町家を改修し、景観の形成、地域住民への公開性、地域の賑わいや連携の促進、くらしの文化の継承等を通じ「京都らしいまちづくり」に継続的に資する事業を行うに当たり、クラウドファンディングを活用することを、景観まちづくりセンターが以下により支援を行うものとなっている（支援機関活用／補助金支出型）（表2-28、図2-34）。

表 2 -28　事業の概要

(1) 事業名	京町家まちづくりクラウドファンディング支援事業
(2) 自治体名	京都市（京都府）
(3) 目的	京町家の再生・活用を通じた京都らしいまちづくりの推進
(4) 支援形態（分類）	支援機関活用／補助金支出型 ・支援主体：公益財団法人京都市景観・まちづくりセンター ・資金支援方法：活用事業者への補助（1 社当たり1 百万円を上限）
(5) クラウドファンディングの形態	投資型（ファンド出資）
(6) 事業者の初期費用負担	通常費用 ― 補助金額
(7) 対象事業	一定の要件を満たす京町家を改修し、「京都らしいまちづくり」に継続的に資する事業（景観の形成、地域住民への公開性、地域の賑わいや連携の促進、くらしの文化の継承等）
(8) 事業期間	2016 年度～（継続中）
(9) 連携・協力機関	―
(10) 実績	ファンド組成：1 件
(11) 備考	○京都市と一般財団法人民間都市開発推進機構の補助・助成を受け、センター内に「京町家まちづくりクラウドファンディング支援基金」を設け、そこから補助金を支出。 ○目標額を満額調達できなかった場合には、不足分を当該クラウドファンディングを通じて出資（上限：3 百万円）する「支援投資」制度もあり。 ○仲介業者については、当初はセンターがミュージックセキュリティーズ（株）を選定していたが、2019 年度から事業者が選択できるよう変更している。

（出所）公益財団法人京都市景観・まちづくりセンター資料をもとに筆者作成。

〈資金面の支援〉

　民間主体がクラウドファンディングの活用に際し仲介業者に支払う手数料等の初期負担を軽減するため、景観まちづくりセンターが「京町家まちづくりクラウドファンディング支援基金」から、当該民間主体に対し助成金を支出する（上限：1 百万円）[68]。その結果、民間主体の初期費用負担は、実際に要した費用から当該補助金の受

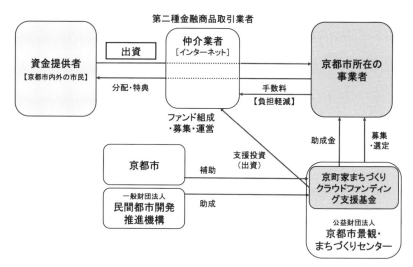

図2-34　京町家まちづくりクラウドファンディング支援事業のストラクチャー

（出所）公益財団法人京都市景観・まちづくりセンター資料をもとに筆者作成。

領額を差し引いた金額となる。

　加えて、クラウドファンディングを募集した結果、目標額の2分の1以上の資金を確保しつつも目標額に達しなかった場合に、その不足分について、同基金から当該クラウドファンディングを通じ出資して補填する「支援投資」という資金面の支援も行うことができる制度も備えている（上限：3百万円）。

〈情報面等の支援〉

　当該事業においては、クラウドファンディングを活用するに当たり資金面の支援を行うだけであり、情報面等の支援は行っていない。また、地域の金融機関や関連団体等とも連携はしておらず、景観まちづくりセンターが単独で実施するものとなっている。

　当該事業の対象となるクラウドファンディングの形態は、投資型

（ファンド出資）のみであり、当初は景観まちづくりセンターが仲介業者を公募して選定していたが、事業者の選択肢を広げるため、2019年度からは事業者が自由に選択できることとしている。

応募のあった事業については、景観まちづくりセンターが組織する京町家まちづくりクラウドファンディング委員会において、対象事業の要件を満たしているか等について審査がなされ、選定される。

（3）事業の結果等

当該事業においては、2016年度に開始されて以来、わずか1件の活用にとどまっている。

活用した事業においては、目標額（6.3百万円）が集まり、空き家となっていた京町家を京都の工芸品を生産するオープンファクトリーを併設した宿泊施設へとリノベーションする事業が実現をみている。

このように活用実績が乏しいのは、

〇当該事業を担う景観まちづくりセンターにおいて、クラウドファンディングや当該事業に関するPR・啓蒙、事業計画の磨き上げといった情報面等の支援を行っていないほか、地域の金融機関等との連携もなされていないため、クラウドファンディングや当該事業に対する事業者の認知度が低いこと

〇景観まちづくりセンターでは、クラウドファンディングには資金調達面だけでなくファンの形成、事業の質の向上といった多様な効果があるという認識が不足しており、それもあって事業者にクラウドファンディングを活用してもらうためのアプローチを意欲をもって行っていないこと

等が起因していると考えられる。

4 ひょうごふるさと応援・成長支援事業（キラリひょうごプロジェクト）（兵庫県）

（1）事業の背景・目的

　兵庫県は、多様な地域資源、数多くの特色ある地場産品を有しているものの、その生産を担う地域に根ざした中小企業等の多くは財務基盤が脆弱な状況にある。

　こうした課題を解決し、中小企業等の商品開発・新事業展開・事業拡大を図ることにより、地域経済の活性化、地域のブランド力強化につなげることを目的に、兵庫県では「キラリひょうごのオンリーワン応援事業」を実施することにした。これは、地域で頑張る故郷の応援・成長に資する取り組みを発掘・選定し、広く県内外に情報発信するとともに、資金調達の円滑化等を図る取り組みとして、事業に共感した不特定多数の方々から資金的な協力を得るクラウドファンディングの活用を支援するものである。

（2）事業内容

　当該事業は、兵庫県内に本社を有する中小企業が新規商品・サービスの企画・開発、既存商品・サービスの品質向上や量の拡大、新たな事業分野への展開等を行う事業であって、

○兵庫県の地域産業資源や地域の特色等を活かし、全国に誇り得る魅力ある商品・事業としてブランド力強化を目指す取り組み

○クラウドファンディングを通じた応援者（潜在顧客）とのつながりを深め広げながら事業の成長を図る取り組み

○クラウドファンディングによる資金調達規模が一定額[69]以上であり、資金使途が明確な取り組み

を対象としている。

　兵庫県は、県内の中小企業の経営支援等を行う公益財団法人ひょうご産業活性化センター（以下、産業活性化センター）を活用[70]し、同センターが公募で選定した仲介業者であるミュージックセキュリ

表 2 -29　事業の概要

(1) 事業名	ひょうごふるさと応援・成長支援事業（キラリひょうごプロジェクト）
(2) 自治体名	兵庫県
(3) 目的	選定する「キラリひょうごのオンリーワン応援事業」の成長・発展を通じた地域経済の活性化、地域のブランド力の強化
(4) 支援形態（分類）	支援機関活用／委託型 ・支援主体：公益財団法人ひょうご産業活性化センター ・資金支援方法：仲介業者に委託（活用事業者募集・評価支援、事業計画の改善支援等）
(5) クラウドファンディングの形態	投資型（ファンド出資）
(6) 事業者の初期費用負担	なし
(7) 対象事業	新規商品・サービスの企画・開発、既存商品・サービスの品質向上や量の拡大、新たな事業分野への展開等を行う事業であって、 ○地域産業資源や地域の特色等を活かした魅力ある取り組み ○応援者（潜在顧客）とのつながりの深化・拡大を図る取り組み ○クラウドファンディングによる資金調達規模が概ね 5 ～ 30 百万円であり、資金使途が明確な取り組み
(8) 事業期間	2014 ～ 2017 年度（4 年度）
(9) 連携・協力機関	金融機関（15）、経済団体（48） 【役割：本事業の広報宣伝、活用事業の発掘・推薦、事業計画の作成支援】
(10) 実績	ファンド組成：39 件（形式上 42 件）
(11) 備考	仲介業者としてミュージックセキュリティーズ（株）を選定。

（出所）兵庫県資料、公益財団法人ひょうご産業活性化センター資料をもとに筆者作成。

ティーズ（株）に委託しつつ、以下の支援を行う形をとっている（支援機関活用／委託型）（表 2 -29、図 2 -35）

〈資金面の支援〉

　産業活性化センターは、仲介業者であるミュージックセキュリティーズ（株）に、当該事業を活用する事業者の募集・評価等を支

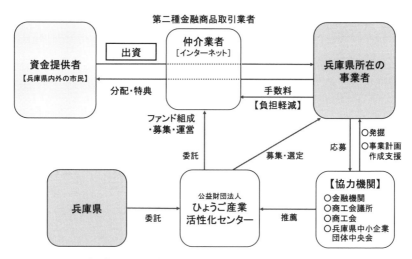

図2-35　ひょうごふるさと応援・成長支援事業（キラリひょうごプロジェクト）のストラクチャー

（出所）兵庫県資料、公益財団法人ひょうご産業活性化センター資料をもとに筆者作成。

援する業務を委託し、それに併せてファンドの組成・募集・運営等への協力を求めている。これらによって、仲介業者におけるクラウドファンディング活用事業の発掘・創出に必要なコストを実質的に低減し、民間主体が仲介業者に支払う手数料等の初期負担をゼロにしている。

〈情報面等の支援〉

　県が地域の金融機関（15機関）、経済団体（48団体）と包括連携協定を締結し、本事業の協力機関になってもらうことを通じ、事業者に対し、
○本事業の広報宣伝、それを通じた活用事業の発掘
○事業計画の作成支援
○産業活性化センターに対する活用事業の推薦
等の支援を行ってもらうこととしている。

併せて、上記仲介業者に、これら協力機関や事業者向けの研修会や説明会の開催、相談窓口の設置等による本事業やクラウドファンディングの理解醸成・啓蒙等の業務も委託しており、仲介業者を通じた情報面等に関する支援も実施している。

　このほか、産業活性化センターでは、選定したクラウドファンディング活用事業を、地域が誇るオンリーワンの取り組みとして広くPR・情報発信するとともに、コンサルティング等の支援も行うこととしている。

　当該事業の対象となるクラウドファンディングの形態は投資型（ファンド出資）であり、公募して選定した上記仲介業者を介することを前提としている。

　応募のあった事業は、審査委員会において、①地域経済の活性化や地域のブランド力強化への貢献度（地域の産業資源・特色の活用、地域の課題解決、独創的な技術・アイディアの活用）、②応援者（潜在顧客）の開拓・形成の必要性、③市民の共感を得るストーリー性・訴求力、④事業計画の実現可能性等について審査され、選定される。

（3）事業の結果等

　2014 ～ 17年度に実施された当該事業においては、39件ものファンドが組成され、地域資源を活用した多様な事業の実現につながっている。これは、

○事業を担った産業活性化センターが、地域の企業との幅広いネットワークや支援ノウハウをもっており、地域の企業のクラウドファンディング活用に向け、積極的な取り組みをみせたこと

○多数の金融機関や経済団体と連携し、これら機関のネットワーク等を活用した地域一体なった取り組みを進めたこと

○仲介機関のノウハウ等も上手に活用したこと

等が大きいものと考えられる。

　こうした取り組みにより、県内事業者におけるクラウドファンディングの活用が促進され必要資金が確保されたほか、県内外へのPRの促進、資金提供者がコアなファンになったことによる販路の拡大等の効果もあらわれている。

5　和歌山県クラウドファンディング活用支援事業（和歌山県）

（1）事業の背景・目的

　和歌山県は、開業率が全国最下位（2014年度）と新規事業の創出が進んでいない状況にあることを踏まえ、創業を目指す新たな担い手の発掘から事業の発展段階まで、創業気運の醸成、販路開拓、資金調達等について、官民一体となって支援を図るための体制の強化に努めていた。

　こうした中、国が「ふるさと投資」として事業者におけるクラウドファンディングの活用を後押ししていることを知り、県としても、創業や第二創業など新事業の創出につなげるべく、事業に共感した不特定多数の方々から資金的な協力を得るクラウドファンディングの活用を支援することにしたものである。

（2）事業内容

　当該事業は、県内で創業して行う事業、県内に事業所を有する中小企業者等が展開する新事業を行う際に、クラウドファンディングを活用するに当たり、県自らが情報面等から以下の支援を図るものである（自治体直轄型）（表2-30、図2-36）。
○セミナーの開催等を通じたクラウドファンディングの仕組み・活用方法等の周知・PR
○仲介業者や県と連携している金融機関の紹介
○クラウドファンディングを活用して実施する事業計画を「和歌山県クラウドファンディング活用支援対象プロジェクト」として認

表 2-30　事業の概要

(1)	事業名	和歌山県クラウドファンディング活用支援事業
(2)	自治体名	和歌山県
(3)	目的	創業や第二創業など新事業展開の促進
(4)	支援形態	情報面等の支援（資金面の支援はなし）【自治体直轄型】 ・クラウドファンディングの周知 ・仲介業者・連携金融機関等の紹介 ・活用事業の認定による事業の PR ・県制度融資活用時に最優遇金利の設定
(5)	クラウドファンディングの形態	寄付型・購入型・投資型【事業者の選択】
(6)	対象事業	県内で創業する事業、新事業展開を図る事業
(7)	事業期間	2016 年度〜（継続中）
(8)	連携・協力機関	金融機関（6）、産業支援機関（1） 【役割：活用事業者の発掘・推薦、クラウドファンディング活用のサポート】
(9)	実績	認定：69 件
(10)	備考	仲介業者は事業者が選択。

（出所）和歌山県資料をもとに筆者作成。

定し、県のホームページ、プレスリリース、SNS 等を通じた PR の実施

○認定を受けた事業者に対する、最優遇金利による制度融資の活用

　また、地域の金融機関（6 機関）、産業支援機関である公益財団法人わかやま産業振興財団と連携し、クラウドファンディングを活用する事業者の発掘・推薦、活用に向けたサポート等を行ってもらう形をとっている。

　なお、本事業においては、事業者の初期費用軽減を図るための資金面の支援は行っていない。

　当該事業の対象となるクラウドファンディングの形態については、寄付型、購入型、投資型いずれも活用可能であり、仲介業者も事業者自らが選択することとしている。

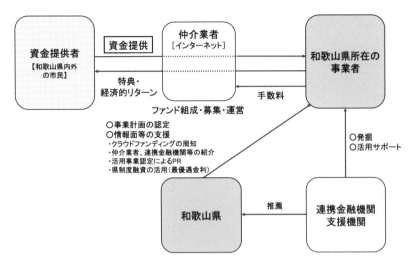

図 2-36　和歌山県クラウドファンディング活用支援事業のストラクチャー

（出所）和歌山県資料をもとに筆者作成。

（3）事業の結果等

　2016年度から実施された当該事業においては、これまでに「和歌山県クラウドファンディング活用支援対象プロジェクト」として69件が認定され、購入型を中心に54件が目標額を確保し得ている。

　このように、初期費用負担軽減のための資金面の支援がなくとも多くの活用実績をあげているのは、県と連携している金融機関（地方銀行）の中に、クラウドファンディングのメリットを熟知した上で、組織として熱意をもって取引先等に PR を行い、活用を積極的に促進している機関があることが大きいと考えられる。

　当該事業を実施したことにより、県内事業者におけるクラウドファンディングの活用が促進され、事業に必要な資金の調達が図られたほか、当該事業に対するファンづくり、多くの方々に応援してもらったことによる事業者の事業意欲増進といった効果もあらわれている。

35　組織の性格上、地方自治体が「出資」を受けることはあり得ない。また、市民から「貸付」を受けること（縁故債）も制度上想定されていない。

36　自ら居住している地方自治体にふるさと納税を行うことは可能であるが、自治体や仲介業者によってはそれが制限されている場合がある。

37　総務省　ふるさと納税ポータルサイト参照。

38　このほか、ふるさと納税では、当該地域で生産された製品であっても、原材料が当該地域産のものではなく、その結果、当該地域における生産増へと波及していない等の問題もある。佐野ほか（2019）は、北海道釧路市におけるふるさと納税の返礼品の経済波及効果を計測し、こうした現状や今後の課題について指摘している。

39　前記のとおり、自治体や仲介業者によっては、自ら居住している地方自治体に対する寄付（ふるさと納税）が制限されている場合があり、実際には振込などクラウドファンディングではない形で資金提供するケースも見受けられる。

40　これらの仲介業者における収益効果により、地方自治体が仲介業者に支払う手数料の軽減につながることも期待される。

41　内閣府、沖縄県、那覇市、琉球大学（首里城再興学術ネットワーク）資料参照。

42　破壊され消滅するも、わずかに城壁、建物の基礎の一部が残されており、それが世界遺産に登録されている。

43　環境省（2020）参照。

44　並ぶことなくトイレを使用するためには、避難者50人に一つ、避難が長期化する場合には避難者20人に一つのトイレが必要といわれている。

45　池田市公益活動促進検討委員会による「池田市公益活動施策の今後のあり方に関する答申」（2021年3月）を踏まえ、現在、登録された公益活動団体に限定せず、多様な主体の行う公益活動の支援を図るべく、「登録制度」の廃止等に向けた準備が進められている。

46　前記のとおり「登録制度」を廃止し、当該助成も公益活動を行う多様な主体に対し交付する方向で準備が進められている。

47　市の拠出する額については、上限として10百万円／年が設定されて

いる。

48　PPP の詳細については、佐野（2019a）等を参照。

49　PFS において、民間主体が必要資金を金融機関や投資家から調達し、その返済を達成した成果に連動させる Social Impact Bond（以下、SIB）」も活用されている。

50　PFI では、応募したコンソーシアムを構成する企業が出資して SPC（Special Purpose Company）を設立して事業を担うことが一般的であるが、PFI と同時に実施する付帯事業については、当該 SPC ではなく、コンソーシアムを構成する企業が別に設立する SPC（もしくはコンソーシアム構成企業単体）が担い、倒産隔離を図ることが基本となっている。

51　「民設」の場合の形態では、建設等に要する費用も含む。

52　Value for Money。一般に、税金の対価として最も価値のあるサービスを提供することをさすが、ここでは従来方式（公設公営）で行った場合と同水準の施設やサービスを提供するに当たり、PPP を活用して実施した場合にどの程度財政負担が軽減したか（割合）を示している。

53　事業者選定基準の「1．事業全体に関する事項」の「⑶事業の実施計画・経営」の中に明示されている。

54　広島県ほか（2021）、経済産業省ほか（2022）。川村（2022）参照。

55　金融機関からの借入金は上記最低支払い分（固定委託費）の範囲内であり、成果連動リスクは負わない形となっている。

56　PFS における成果連動による支払方法等については、本文で記載した事項の反省に立って、今後検討することが求められる。

57　富山市では、当該事業を担う民間主体を公募するに当たり、市有地の売却あるいは貸付（定期借地権の設定）を民間主体に選択してもらう形をとっており、その結果、選定された民間主体の提案に基づき売却がなされている。

58　このミスマッチにより、設定した特典（有償自習室の会員券）の魅力が薄くなり、募集金額に届かなかった要因の一つにもなっていると考えられる。

59　山形市の実施している「山形市南部への児童遊戯施設整備事業」（PFI＋付帯事業）では、民間主体（SPC）が付帯事業部分においてクラウドファンディングを活用することを目指して検討・準備中である。

60　後述する事例のとおり、自治体として支援対象とするクラウドファ

ンディングの形態を、①寄付型、購入型、投資型（ファンド出資（狭義）等）それぞれに限定する場合、②民間主体に自由に選択させる場合など、様々な対応がなされている。

61　投資型のクラウドファンディングにおいては、分配を行う期間によっては、この手数料負担の方が、金融機関から資金調達した場合に支払う金利負担より重いとして、クラウドファンディングの活用を躊躇するケースも見受けられる。一方、クラウドファンディングにより得られる事業のPR、販路拡大等の効果に鑑みれば、広告宣伝費としては安価であるとする意見も根強い。

62　仲介業者のFAAVO（現在はCAMPFIREに統合）では、地方自治体がエリアオーナーとなり、当該自治体エリア内において、クラウドファンディングのPR・啓蒙に加え、民間主体におけるクラウドファンディング活用に向けたアドバイス、サポートを行うなど、FAAVOと連携し情報面等を中心に、クラウドファンディングの運営支援を図る取り組みも実施していた。

63　前記の情報面等の支援を、地方自治体が地域の金融機関・経済団体と連携協定を締結し、両者が連携しながら実施することも、連動・協働型のPPPと位置付けられる。

64　産業振興財団以外の金融機関や経済団体等との連携はなされていない。

65　クラウドファンディングによる調達額については、概ね3百万円以上（購入型は0.5百万円以上）としている。

66　公益財団法人京都市景観・まちづくりセンターでは、京町家を「一般的に敷地形状はうなぎの寝床といわれるように奥行が長く、その構造は伝統的な軸組木造であり、間取りには通り庭、続き間、坪庭、奥庭を保っているか、それらを過去に有していた建物」と位置付けている。

67　京都市（2017）参照。

68　2019年度からは、効果的に資金提供を得る上で必要となるデューディリジェンスのための資料作成等に要する費用についても、助成の対象に加えている（上限：0.5百万円）。

69　クラウドファンディングによる調達額については、概ね5〜30百万円としている。

70　兵庫県は同センターに当該事業を委託して実施している。

政策実現型
クラウドファンディングの
効果の検証

第**8**章 効果を検証する枠組み

　政策実現型クラウドファンディングは、前章で紹介したとおり、地域の民間主体が事業を実施するに当たり、クラウドファンディングを活用しやすい環境を整えるべく、地方自治体が資金面及び情報面等から支援を図り、政策の実現につなげるものである。

　第3編では、こうした政策実現型クラウドファンディングを活用することにより、実際に事業者や地域にとってどのような効果があらわれたのかについて、事例研究をもとに検証し、その上で、クラウドファンディングを活用した効果を高めるために必要となる課題について考察する。

　検証する事例としては、政策実現型クラウドファンディングにおける地方自治体の支援形態（分類）が特定のものに集中し、効果に偏りが生まれることを避けるため、

①自治体直轄／補助金支出型

　ならクラウドファンディング活用支援事業（奈良県）

②自治体直轄／委託型

　くしろ応援ファンド事業（釧路市）

③支援機関活用／補助金支出型

　岡山ふるさと投資応援事業（岡山県）（最終年度）

④支援機関活用／委託型

　岡山ふるさと投資応援事業（岡山県）（当初）

とそれぞれの形態を採用した事例を取り上げる（図3-1）。

　これらの事例をもとに、第3章においてクラウドファンディング活用により期待される効果として指摘した以下の点が、実際に実現

		資金面での支援方法	
		事業者への補助金等の支出	仲介業者への委託
支援主体	自治体（直轄）	**自治体直轄/補助金支出型** ○ならクラウドファンディング　　　　活用支援事業 ○千葉市クラウドファンディング　　　　活用支援事業	**自治体直轄/委託型** ○くしろ応援ファンド事業 ○ふるさと「はりま」応援ファンド
	支援機関	**支援機関活用/補助金支出型** ○岡山ふるさと投資応援事業　　　　　（最終年度） ○京町家まちづくり　　　クラウドファンディング支援事業	**支援機関活用/委託型** ○岡山ふるさと投資応援事業（当初） ○ひょうごふるさと応援・成長支援事業

図3-1　政策実現型クラウドファンディング活用事例の位置付け

（注）事例の上段は第3編の効果検証で取り上げた事例、下段は第7章で取り上げた事例である。

（出所）筆者作成。

されているか等について検証する。

○資金調達の円滑化・多様化

○共感する事業に対する市民の参加機会の拡大

○事業に対する当事者意識の醸成・深化

○事業に対する意欲と規律の向上

○資金提供者と事業者の関係構築

○地域内における資金循環と域外資金の吸引

○その他

第9章 ならクラウドファンディング活用支援事業[71]
——奈良県

1 事業の背景・目的

　奈良県は、多様な地域資源を有し、特色ある地場産品や優れた技術をベースにする製品の生産に取り組む事業者が多数存在しているが、こうした事業者の大半は財務基盤が脆弱であり、自立的な成長を阻む要因の一つとなっている。

　こうした状況を踏まえ、県内の中小企業等が、新商品開発や販路開拓など新たな事業を図る際の資金調達とファンの獲得を図ることを促進し、それにより、県内産業の体質強化、県のブランド力の向上、域外交易力や域内循環力の強化につなげるべく、奈良県では、当該事業に要する資金を全国の不特定多数の方々からクラウドファンディングにより集めることを支援する「ならクラウドファンディング活用支援事業」を推進することにした。

2 事業内容

　当該事業では、奈良県内に事業所を有する中小企業が、生活関連製造業（食料品・繊維・プラスチック）やこれに準じ県が重点的に支援する産業分野で新事業展開を行う場合において、
○奈良県の地域資源を活用し、地域経済の活性化、地域ブランド力の強化につながる取り組み
○クラウドファンディングを通じた応援者（潜在顧客）の開拓・形成につながる取り組み

○県民等からの賛同や共感を得るストーリー性や訴求力のある取り組み

○事業計画の実現可能性の高い取り組み

○クラウドファンディングによる資金調達規模が一定額[72]以上であり、資金使途が明確な取り組み

等を満たす事業を対象とし、県自らが以下の支援を行うこととしている（自治体直轄／補助金支出型）（表3-1、図3-2）。

〈資金面の支援〉

　県が公募により選定した仲介業者に対し、クラウドファンディングを活用する事業者が支払う手数料等の初期負担を軽減するため、事業者に補助金を支出する（上限：1百万円）。

　その結果、民間主体の初期費用負担は、実際に要した費用から当該補助金の受領額を差し引いた金額となり、これらの費用負担が1百万円以内であれば事業者の負担はゼロとなる。

〈情報面等の支援〉

　同県は、日頃から取引や融資相談等を受けている奈良県内に所在する14金融機関を認定金融機関として指定し、本事業の広報・宣伝、当該制度を活用する事業の発掘・推薦、事業者の策定する事業計画のブラッシュアップ支援など、事業を行う上で必要なサポートを行ってもらう形をとっている。

　また、県が選定した仲介業者と協定を締結し、事業者に対する説明会の開催、当該事業のPR等について協力してもらうなど、仲介業者を通じた情報面等に関する支援も行っている。

　加えて、県では、クラウドファンディングを活用した事業を応援認定事業とし、県のホームページや広報誌への掲載、プレスリリース等を通じ、広く全国に情報を発信している。

表3-1　事業の概要

(1) 事業名	ならクラウドファンディング活用支援事業
(2) 自治体名	奈良県
(3) 目的	県内産業の体質強化、県のブランド力の向上、域外交易力と域内循環力の強化
(4) 支援形態（分類）	自治体直轄／補助金支出型 ・支援主体：奈良県 ・資金支援方法：活用事業者への補助（1社当たり1百万円を上限）
(5) クラウドファンディングの形態	投資型（ファンド出資（狭義））
(6) 事業者の初期費用負担	通常費用 ─ 補助金額（通常費用が1百万円以内であれば事業者負担はなし））
(7) 対象事業	生活関連製造業（食料品・繊維・プラスチック）、県がこれに準じて重点的に支援する産業分野において、新事業展開を行う事業であって、 ○地域資源を活用し、地域経済の活性化や地域ブランド力の強化につながる取り組み ○応援者（潜在顧客）の開拓・形成につながる取り組み ○県民等からの賛同や共感を得るストーリー性や訴求力のある取り組み ○事業計画の実現可能性の高い取り組み ○クラウドファンディングによる資金調達規模が概ね5〜30百万円であり、資金使途が明確な取り組み
(8) 事業期間	2015〜2018年度（4年度）
(9) 連携・協力機関	金融機関（14） 【役割：本事業の広報・宣伝、活用事業の発掘・推薦、事業計画のブラッシュアップ支援】
(10) 実績	選定：12件、うちファンド組成：5件
(11) 備考	仲介業者としてミュージックセキュリティーズ（株）を選定。

（出所）奈良県資料をもとに筆者作成。

　当該事業の対象となるクラウドファンディングの形態は投資型（ファンド出資（狭義））であり、県が選定し協定を締結した仲介業者を介することが補助金を得る前提となる。

　応募のあった事業は、県において地域性、新規性、市場性、実現可能性等が審査され選定される。

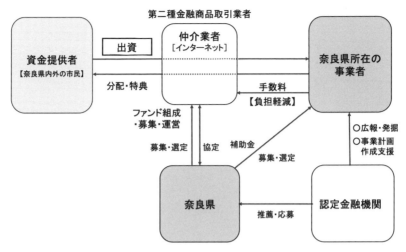

図 3-2　ならクラウドファンディング活用支援事業のストラクチャー

（出所）佐野（2021）をもとに筆者作成。

3 事業の結果

　当該事業では、2015～2018年度の 4 年間で12件が採択されており、新鮮さを維持できるボトルに入れたこだわりの醤油の開発、独自技術を駆使した温かい靴下の開発、土づくりにこだわった青ネギの生産など 5 件が実際のファンド組成に至っている。

4 当該事業による効果

1　資金調達の円滑化・多様化

　当該事業を活用した事業者は、目標とする金額を獲得し、必要とする資金を金融機関からの融資や行政からの補助金とは異なる調達方法で確保し得ている。

2　共感する事業に対する市民の参加機会の拡大

　奈良県の多様な地域資源や優れた技術等を活用した事業に共感した多くの方々が、その事業に参加・協力する機会を得ることができ、事業者も自らの行う事業に共感したファンを獲得するに至っている。

　一方、以下の理由から、当該事業に資金提供者として参加したのは首都圏を中心とする奈良県外の方々が中心であり、奈良県民の参加機会は限定的なものとなっている。

○奈良県では、県の事業・商品の知名度を全国に広げることを当該事業における主要な目的と位置付けており、県民より県外向けのPRを重視していたこと

○クラウドファンディングにより資金を確保する上で大きな役割を果たす、県が選定した仲介業者の主要顧客（投資経験者、メーリングリスト登録者等）が首都圏在住の方中心であったため、これらの地域の方々に対する情報提供・PRがメインになったこと

○奈良県ではインターネットの利用が十分に普及していない面もあり、奈良県民にとっては必ずしも資金を提供しやすい手法ではなかったこと

3　事業に対する当事者意識の醸成・深化

　当該事業にクラウドファンディングを通じて協力した資金提供者は、当該事業に対する当事者意識や参加意識をもち、その資金を用いた商品開発等が実現したことに満足感を得るとともに、事業者にとっても濃淡こそあれ当事者意識をもった支援者を獲得することにつながっている。

　一方、こうした資金提供者の当事者意識を活用し、事業者が販路拡大や商品の改善等につなげるには至っていない。

4　事業に対する意欲と規律の向上

　事業者は、想いのこもった資金の提供を受けたことを強く意識し、

それに応えようと、事業に対する意欲が高まるとともに、コスト意識など事業に対する規律も向上するものとなっている。

5　資金提供者と事業者の関係構築

　クラウドファンディングにより資金提供を受けた事業者においては、資金提供者の当事者意識を活かそうとする意識を有するには至っておらず、当該事業の進捗報告、開発できた商品等の特徴や想いの伝達、商品の改善等に向けたアドバイスを得る機会の設定など、双方の関係性を強めるための取り組みを丁寧に行った者はほとんどない状況にある。このため、前記のとおり、資金提供者の当事者意識を深化させ、それを活用して販路拡大や商品の改善を図ることはできていない。

6　地域内における資金循環と域外資金の吸引

　前記のとおり、当該事業を通じた資金提供者は、首都圏を中心とする奈良県外の方々が中心であるため、県外資金を吸引できた一方、県内における資金循環にはほとんどつながっていない。

7　活用に当たっての問題点

（1）活用事業の不足

　当該事業において、実際にクラウドファンディングの活用にまで至った事業は、以下の理由から5件にとどまっており、その結果、上記で示された効果は限定的なものとなっている。

○奈良県では、基礎自治体ではないこともあって県内の事業者とは少なからず距離感があり、本制度の特徴やメリット等について必ずしも十分にPRできなかったこと

○事業の発掘を担ってもらう認定金融機関と連携を図ったものの、これら金融機関による任意の取り組みに期待するものであるため、当該事業の活用が大きく進むまでには至らなかったこと

○事業の発掘に向け、産業支援機関の協力も含め、地域としての協力体制が十分に構築できていなかったこと

（2）完成した商品にかかる PR の不足

　加えて、奈良県では、当該事業の活用により完成した商品・サービスについて、単に県のホームページや広報誌、プレスリリース等で発信するにとどまっており、相手に届く情報発信や PR 等を十分に行えているとは言い難い。このため、販路の拡大等を通じた地場企業の育成、地域ブランドの向上に寄与するところにまでは達していない。

第10章 くしろ応援ファンド事業[73]
——釧路市

1 事業の背景・目的

　釧路市（北海道）では、市の長期ビジョンとなる「都市経営戦略プラン」を策定し、移出の拡大（外から稼ぐ）と域内循環を通じた地域の持続的な発展を図るべく、様々な取り組みを進めている。

　こうした中、同市、釧路信用金庫及び釧路公立大学地域経済研究センター[74]の三者による共同研究が実施され、釧路市内の企業等が取り組む地域資源を活用した釧路の価値を高める事業への応援資金を、釧路市内はもとより全国各地の不特定多数の方々から集めるクラウドファンディングの活用が提案された。

　この提案を受け同市で検討した結果、釧路市内の事業者における資金調達の円滑化・多様化を図るとともに、資金提供者である応援者が完成した商品・サービスのファンになり、商品等の購入、知人等への紹介（販路の拡大）、商品・サービスの改善に向けたアドバイス等を行うことを通じて、地場企業を育成し、移出の拡大や域内循環の促進を図ることを目指し、地域の事業者のクラウドファンディング活用を支援することにしたものである。

2 事業内容

　当該事業は、釧路市内の企業等が取り組む、以下の4点を満たすクラウドファンディング活用事業を対象とし、市自らが支援を行う形をとっている（自治体直轄／委託型）（表3-2、図3-3）。

表 3 - 2　事業の概要

(1) 事業名	くしろ応援ファンド事業
(2) 自治体名	釧路市（北海道）
(3) 目的	釧路市の地場企業の育成、移出の拡大・域内循環の促進を通じた釧路の価値の向上
(4) 支援形態（分類）	自治体直轄／委託型 ・支援主体：釧路市 ・資金支援方法：仲介業者への委託（活用事業の募集支援、協力機関の理解醸成）
(5) クラウドファンディングの形態	投資型（ファンド出資（狭義））
(6) 事業者の初期費用負担	100 千円
(7) 対象事業	地域性、共感性、関係性、事業性を満たす事業
(8) 事業期間	2015 ～ 2019 年度（5 年度）
(9) 連携・協力機関	釧路地域に所在する金融機関（5）、経済団体（4）、技術支援機関（1）、大学（1） 【役割：活用事業者の発掘・推薦、事業計画作成のサポート、完成した商品等の PR】
(10) 実績	選定：5 件、うちファンド組成：4 件（形式上 6 件）
(11) 備考	仲介業者としてミュージックセキュリティーズ（株）を選定。

（出所）釧路市資料をもとに筆者作成。

○地域性

　釧路市あるいは釧路管内の地域資源を活用するなど、釧路らしさあふれる商品・サービスを提供する事業であって、釧路市の価値を高めることにつながる事業

○共感性

　商品・サービスに対するこだわり、想い、ストーリー性など、釧路市民や全国各地の方々から共感を得られる事業

○関係性

　資金提供者とのつながりを大切にし、中長期にわたり当該事業や釧路と出資者との関係を築く事業

○事業性

　事業計画に実現可能性があり、人員・設備などの実施体制を含め

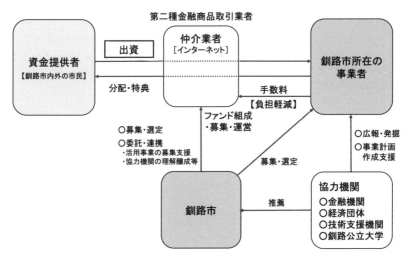

図3-3　くしろ応援ファンド事業のストラクチャー

（出所）佐野（2021）をもとに筆者作成。

事業開始に向けた準備が整っている、もしくは整う見込みの事業で
あって、出資者に対する分配（元本分を含む配当）が可能な収益力
をもつ持続性のある事業

　同市における支援内容は以下のとおりである。

〈資金面の支援〉

　同市では、仲介業者として公募し選定したミュージックセキュリ
ティーズ（株）に、当該事業を活用する事業者の募集・選定等を支
援する業務を委託する中で、ファンドの組成・募集・運営等に対す
る協力を求めている。これにより仲介業者がクラウドファンディン
グ活用事業を発掘・創出するためのコストを実質的に低減し、それ
をもって事業者が仲介業者に支払う手数料等の初期負担を10万円に
軽減する形をとっている。

〈情報面等の支援〉

　同市は、釧路地域の金融機関（5機関）、経済団体（4団体）、技術支援機関、大学（釧路公立大学）の計11機関と連携協定を結び、当該事業の協力機関として、地域の産学金官が一体となり、
○本事業のPR、それを通じた活用事業の発掘
○事業者が応募するに当たり必要となる事業計画作成のサポート
○市に対する活用事業の推薦
○完成した商品・サービスのPR
等の支援を行うこととしている。

　また、上記仲介業者には、これら協力機関や事業者における本事業の理解醸成等を図るべく、研修会・説明会の開催、相談窓口の設置等等の業務も委託し、仲介業者を通じた情報面等に関する支援も実施している。

　当該事業の対象となるクラウドファンディングの形態は投資型（ファンド出資（狭義））であり、公募して選定した上記仲介業者を介することが前提となる。

　応募のあった事業は、外部有識者を中心に構成される、くしろ応援ファンド活用事業選定委員会で、前記の地域性、共感性、関係性、事業性を満たしているかについての審査を経て選定される。

3 事業の結果

　当該事業は、2015〜19年度の5年間で5件のファンド組成[75]がなされ、地域一体となったサポートのもと、地域の生乳等を活用したスイーツの開発、伝統的な製法を発展的に復活させた水産加工品の開発といった事業が実現している（表3-3）。

　中には、目標額である3.5百万円をわずか3日間で、同じく9.9百万円を1週間で集めたファンドもあるなど、いずれも予想を上回る

表3-3　くしろ応援ファンド事業の活用実績

ファンド名	北海道 新スイーツブランド Nファンド	釧路幻の乳牛 ブラウンスイス牛 のスイーツファンド	北海道塩いくら・塩すじこファンド（1・2）	郊楽苑ショートチーズファンド
会社名	㈱Flanders	ミルキークラウン乳業㈱	㈲釧路フィッシュ	㈱郊楽苑ホールディングス
事業概要	国内外から高品質で高い評価を受けている釧路管内浜中町産の生乳を原料とした生クリームやチーズを使用した「北海道釧路銘菓」（プレミアムロールケーキ等）を開発し製造・販売する。	高品質でありながら、繊細な管理が求められる幻の乳牛「ブラウン・スイス牛」の生乳を原料に、経験豊かなパティシエの高い技術をもって、売れる乳製品スイーツを開発・製造し、フランチャイズ店舗や催事等で販売する。	主流の醤油漬けされた「いくら」「すじこ」ではなく、塩のみで熟成・味付けすることにより卵本来の旨味を引き出す、高度な技術を擁する釧路伝統の味「塩いくら」「塩すじこ」を製造・販売する。	ひがし北海道釧根地域の牛乳を原料とした生チーズをこんがり焼き上げたドライチーズ製品である「ショートチーズ」の増産を図り、お土産品、ワインバー・飲食店のおつまみ、保存食など今後の需要増に対応する。
募集金額	3.5百万円	8.4百万円	4.95百万円×2＝9.9百万円	9.98百万円
1口当たり金額	22.0千円	22.0千円	32.4千円	21.0千円
期間	2年	1年	2年	3年
資金募集期間	2016/2〜（3カ月程度）	2016/2〜（3カ月程度）	2017/2〜（8カ月程度）	2018/2〜（7カ月程度）
実際の資金調達期間〈資金提供者数〉	3日間で満額達成＜138人＞	9日間で満額達成＜336人＞	7日間で満額達成＜286人＞	120日間で満額達成＜416人＞

（出所）佐野（2019b）をもとに筆者作成。

短い期間で目標金額を確保するに至っている。

4 当該事業による効果

1 資金調達の円滑化・多様化

　くしろ応援ファンドを活用した事業者は、すべて短い期間で目標とする金額を集めることができ、金融機関からの融資や行政からの補助金とは異なる方法で必要とする資金を調達し得ている。

　これは、地域性、共感性、関係性、事業性という観点から対象とする事業を明確化して募集したことにより、釧路の地域資源等を活

用したこだわりや想いのこもった共感を得られやすい事業、事業者と資金提供者との関係を築くことのできる事業、一定の事業性があり経済的リターンを期待できる事業が選定され、資金提供者のニーズに合致したことによるものと考えられる。

2　共感する事業に対する市民の参加機会の拡大

　当該事業により、多数の方々が釧路市の価値を高める事業に参加・協力する機会を得、事業者も自らの行う事業に共感したファンを獲得する機会を得ることができている。

　一方、以下の理由により、資金提供者は首都圏を中心とする釧路市外の方々が中心になり、釧路市外の方々にとっては当該事業に参加する機会を得られた反面、釧路市民の参加機会は限定的なものとなっている。

○選定した仲介業者の顧客特性から、その情報提供・PR が首都圏在住の方中心になってしまったこと

○釧路市民に対する当該事業や資金募集に関する積極的な PR が、釧路市や協力機関において十分になされたとはいえないこと

○資金提供を行いたい釧路市民には、インターネットを使えない、もしくは使うことに抵抗のあるお年寄り等が多いなど、デジタル・ディバイドが顕在化したこと

3　事業に対する当事者意識の醸成・深化

　当該事業にクラウドファンディングを通じて協力した資金提供者においては、当該事業に対する当事者意識や参加意識が生まれ、商品が完成したことで喜びを得ることができたことに加え、事業者にとっても当事者意識をもった支援者を獲得することにつながっている。しかしながら、こうした資金提供者の当事者意識を強め、それを活用して販路拡大や商品のブラッシュアップ等につなげるには至っていない。

4 事業に対する意欲と規律の向上

　事業者は、地域内外の多数の方々から資金提供を受けたことにより、資金提供者の想いに応えようと事業意欲が強まるとともに、提供された資金を大切に使わなければならないというコスト意識も高まるなど、事業に対する意欲と規律が醸成される結果をもたらしている。

5 資金提供者と事業者の関係構築

　クラウドファンディングにより資金提供を受けた事業者は、当事者意識をもつことになった資金提供者に対し、
○当該事業の進捗状況にかかる小まめな報告
○完成した商品の特徴、こだわり、完成までの苦労等に関する報告、感謝の気持ちの伝達
○商品生産の現場の見学、生産された釧路で商品を味わう体験等をしてもらう機会の設定（イベント開催を含む）
○商品の改善等に向けたアドバイスをしてもらう機会の設定
など、両者の関係性を強めることにつながる取り組みをほとんど行っていない。

　その結果、せっかく芽生えた資金提供者の当事者意識をより強固なものとし、それを活用するには至っておらず、資金提供者が一層大きな喜びや満足感をもつとともに、事業者が資金提供者の当事者意識を活かした販路拡大や商品のブラッシュアップ等につなげることができていない。

　これは、事業者が資金提供者の当事者意識を活かそうという意識を十分に有していないこと、事業者にそのような意識をもってもらうための釧路市、協力機関、仲介業者による取り組みが不足していたこと等に起因すると考えられる。

6　地域内における資金循環と域外資金の吸引

　前記のとおり、資金提供者は、首都圏を中心とする釧路市外の方々が中心になっているため、市外資金の吸引を図ることができた一方、釧路市内における資金循環にはほとんどつながっていない。

7　その他

　当該事業をきっかけに、クラウドファンディングを活用することになった事業者と仲介業者の間で密接な連携が生まれ、その結果、仲介業者から紹介されたデザイン会社とのコラボレーションによる、魅力的なデザインの商品開発が実現したケースがあらわれている。

8　活用に当たっての問題点

（1）活用事業の不足

　くしろ応援ファンドを活用しファンド組成に至ったのは5件に過ぎないため、上記で得られた効果は限定的であり、目的とする政策の実現に大きく寄与するものとはなっていない。

　活用事業が少なかった要因としては、

○釧路市自らが実施するため、ネットワークや時間確保等の限界もあり、市内事業者に対する営業努力が不足し、本制度の特徴やメリット等を十分に周知できなかったこと

○事業の発掘を担ってもらうはずの協力機関においては、連携協定を締結したとはいえ、各機関の任意による取り組みを期待するに過ぎないものであるため、ごくわずかの機関しか発掘に向けた具体的な取り組みを行ってもらえなかったこと。

　　加えて、取り組みをしていた機関でも、担当者交代等に伴い本事業に対する理解が弱まり、事業発掘に向けた動きが次第に鈍くなったこと

○委託した仲介業者には、釧路市内における事業者の情報やネットワークが十分に備わっておらず、自ら活用事業者を発掘すること

がほとんどなかったこと[76]

〇市による、くしろ応援ファンドを活用する事業の募集・選定時期
　と事業者が資金を必要とする時期が必ずしも一致していなかった
　こと[77]

等があげられる。

（2）完成した商品にかかる PR の不足

　くしろ応援ファンドを活用することにより完成した商品・サービ
スについては、市、仲介業者、協力機関が連携して広く PR するこ
とになっていたが、それが十分になされておらず、完成した商品等
の販路拡大を通じた地場企業の育成や移出の拡大といった政策の実
現につなげるまでには至っていない。

第**11**章 岡山ふるさと投資応援事業[78]
——岡山県

1 事業の背景・目的

　岡山県には、多様な地域資源や独創的な技術等があり、地場産業も発展している。こうした地域の特色等を活かし、さらなる中小企業の商品開発、新事業展開、事業拡大等を図り、地域経済の活性化、地域ブランド力の強化につなげるべく、岡山県では、地域が誇るオンリーワンの取り組みとなるふるさとの応援・成長に貢献する事業を「岡山ふるさと投資応援事業」として位置付け、それに必要な資金を全国各地の不特定多数の方々からクラウドファンディングにより集めることを支援する「岡山ふるさと投資応援事業」を実施することにした。

2 事業内容

　当該事業は、岡山県内に主たる事業所を有する中小企業が実施する、

○地域資源等を活かし、全国に誇り得る魅力ある商品・事業として
　ブランド力強化を目指す取り組み（商品・サービスの企画・開発、
　販路拡大、品質向上・生産量の拡大）

○クラウドファンディングによる資金調達規模が一定額[79]以上であ
　り、資金使途が明確な取り組み

を対象とし、県が県内企業と広く深いネットワークを有する岡山県中小企業団体中央会（以下、中央会）に委託し、以下の支援を行う

形となっている（当初：支援機関活用／委託型、最終年度：支援機関活用／補助金支出型）（表3－4）。

1　当初の支援内容（図3－4）

〈資金面の支援〉

　県と県から委託を受けた中央会が公募・選定した仲介業者であるミュージックセキュリティーズ（株）に、当該事業を活用する事業者の募集・評価等を支援する業務を委託することにより、仲介業者がクラウドファンディング活用事業を発掘・創出するためのコストを実質的に低減し、民間主体が仲介業者に支払う手数料等の初期負担をゼロとしている。

〈情報面等の支援〉

　県から委託を受けた中央会が、事業者に対する当該事業やクラウドファンディングの啓蒙・PR、活用する事業の発掘、事業計画策定のサポート、選定した事業の広報など、情報面等の支援をトータルで行っている。

　また、中央会は、県内の中小企業支援機関35団体（商工会議所、商工会、産業振興財団）や金融機関12機関（県と包括協定を締結）と連携し、事業計画作成等にかかる支援、中央会に対する活用事業の推薦を行ってもらうこととしている。

　このほか、上記仲介業者を通じ、これら連携機関や事業者向けの研修会や説明会の開催など、本事業やクラウドファンディングの理解醸成に向けた情報面等に関する支援も実施している。

　当該事業の対象となるクラウドファンディングの形態は投資型（ファンド出資（狭義））であり、公募して選定した上記仲介業者を介することが前提となる。なお、4年度目からは、事業者にとって比較的利用しやすくニーズも高かった「購入型」も支援メニューに

表 3-4　事業の概要

	【当初】	【最終年度】
(1) 事業名	岡山ふるさと投資応援事業	
(2) 自治体名	岡山県	
(3) 目的	ふるさとの応援・成長に貢献する事業の成長・発展を通じた 地域経済の活性化、地域ブランド力の強化	
(4) 支援形態 (分類)	支援機関活用／委託型 ・支援主体：岡山県中小企業団体中央会 ・資金支援方法：仲介業者に委託 （活用事業者募集・評価支援等）	支援機関活用／補助金支出型 ・支援主体：岡山県中小企業団体中央会 ・資金支援方法：活用事業者への補助 （投資型）1社当たり600千円を上限 （購入型）満額達成時に手数料の60％相当額か目標額の15％のいずれか少ない金額（上限：200千円）
(5) クラウドファンディングの形態	投資型（ファンド出資（狭義））	投資型（ファンド出資（狭義））・購入型【事業者の選択】
(6) 事業者の初期費用負担	なし	通常費用 ― 補助金額
(7) 対象事業	○地域資源等を活かし全国に誇り得る魅力ある商品等としてブランド力強化を目指す事業 ○クラウドファンディングによる資金調達規模が一定の規模（投資型：概ね5～20百万円、購入型：概ね0.5～2.5百万円）であり、資金使途が明確な事業等	
(8) 事業期間	2015～2019年度（5年度）	
(9) 連携・協力機関	金融機関（12）、経済団体（34）、産業支援機関（1） 【役割：本事業の広報宣伝、活用事業の発掘・推薦、事業計画の作成助言】	
(10) 実績	選定：15件、うちファンド組成12件	投資型：選定：1件（＝ファンド組成） 購入型：9件、うち目標額達成：7件
(11) 備考	○仲介業者としてミュージックセキュリティーズ（株）を選定。 ○2018年度から購入型も対応可能に制度変更（選定：14件（うち目標金額達成7件）	仲介業者は事業者が選択。

（出所）岡山県中小企業団体中央会資料をもとに筆者作成。

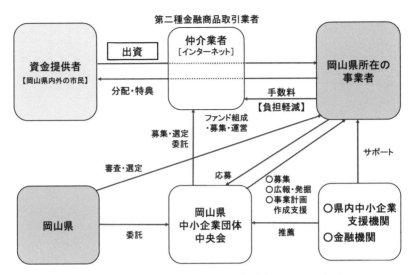

図3-4　岡山ふるさと投資応援事業（当初）のストラクチャー

（出所）岡山県中小企業団体中央会資料をもとに筆者作成。

加えている。

　応募のあった事業は、審査委員により、①地域資源等や地域の特色の活用、②地域経済の活性化や地域のブランド力強化への貢献度（地域の課題解決、独創的な技術・アイディアの活用）、③応援者（潜在顧客）の開拓・形成の必要性、④県民の賛同や共感を得る事業背景・訴求力、⑤事業計画の実現可能性、⑥情報発信力等について審査され、選定される。

2　最終年度の支援内容（図3-5）

〈資金面の支援〉

　事業の最終年度（5年目）になり、クラウドファンディングを活用する事業者の選択肢を広げるため、仲介業者を県と中央会が公募して選定する形から、事業者が自らの責任のもとで選定する形に変更している。これに伴い、手数料等の初期費用負担を軽減する方法

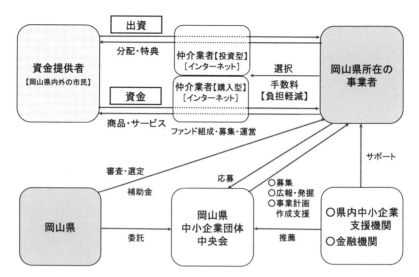

図3-5 岡山ふるさと投資応援事業（最終年度）のストラクチャー

（出所）佐野（2021）をもとに筆者作成。

も、県が事業者に直接補助金を支出する形に切り替えている（上限：600千円）。

　この結果、民間主体の初期費用負担は、実際に要した費用から当該補助金の受領額を差し引いた金額となり、これらの費用負担が600千円以内であれば事業者負担はゼロになる。

　なお、4年度目から採用された「購入型」についても同様に、県が事業者に補助金を支出し、事業者自らが選定した仲介業者に対して支払う手数料負担の一部[80]を軽減している。

〈情報面等の支援〉

　初年度から実施している支援内容から大きな変更はなされておらず、同様の支援がなされている。

　また、応募のあった事業の審査・選定方法についても、特に変更

はない。

③ 事業の結果

　当該事業は、2015 ～ 2019年度の５年間に、投資型16件（うちファンド組成に至ったのは13件）、購入型23件（うち目標金額を達成したのは14件）が採択され、地域の資源を活用した様々な事業が実現をみている。

④ 当該事業による効果

1　資金調達の円滑化・多様化

　当該制度を活用した事業者は、必要とする資金を金融機関からの融資や行政からの補助金とは異なる調達方法により確保することができ、さほど大きな効果とはいえないまでも資金調達の円滑化・多様化につながるものとなっている。

2　共感する事業に対する市民の参加機会の拡大

　多数の方々が、岡山県の特色等を活かした魅力ある商品を生産する事業に参加・協力する機会を得ることができ、事業者も自らの行う事業に共感したファンを獲得する機会を得ている。

　一方、「投資型」においては、選定した仲介業者の主要な顧客が首都圏中心であり、彼らに対する情報提供・PRがメインになってしまったこと等から、資金提供者の８～９割は県外者となり、県民にとっては当該事業に参加する機会を十分に得たとは言えない状況にある。

　なお、４年度目以降に導入された「購入型」においては、県民が資金提供者の８割程度を占めており、共感する事業に対する県民の参加機会の確保につながっている。

3 事業に対する当事者意識の醸成・深化

　当該事業にクラウドファンディングを通じて協力した資金提供者は、当該事業に対する応援意識をもち、その資金を用いた商品が完成したことに満足感を得ることができている。また事業者においても、応援意識をもった支援者を獲得することにつながっている。

　その結果、中には、完成した商品の購入、知人への紹介、商品のチラシの設置など、積極的な支援を行う人もあらわれている。一方、資金提供者の当事者意識を活用し、販路拡大や商品のブラッシュアップ等につなげる取り組みを行う事業者はみられない状況にある。

4 事業に対する意欲と規律の向上

　事業者は多数の方々から資金提供を受けたことで、事業に対する自信をもつとともに、資金提供者の想いに応えようというマインド、提供された資金を大切に使わなければならないという意識が高まり、その結果、事業に対する意欲と規律が醸成されるものとなっている。

5 資金提供者と事業者の関係構築

　クラウドファンディングにより資金提供を受けた事業者は、資金提供者に対し、仲介業者のHP等を通じ当該事業の進捗状況や経過の報告を行っている。

　しかし、完成した商品に対する想いや特徴等に関する丁寧な報告、生産した商品を体験してもらうイベント等の開催、商品の改善等に向けたアドバイスを得る機会の設定など、資金提供者との関係性を強める取り組みを行おうという意識は弱く、資金提供者の当事者意識をより高め、それを活用することで商品の販路拡大やブラッシュアップにつなげるまでには至っていない。

6 地域内における資金循環と域外資金の吸引

　前記のとおり、制度創設当初から実施されてきた投資型において

は、資金提供者の多くが首都圏を中心とする県外の方々であり、県外資金を吸引できている一方、県内における資金循環には十分につながっていない。

　他方、購入型においては県内における資金循環に寄与するものとなっている。

7　活用に当たっての問題点

　当該事業は、中央会が県から委託を受けて実施したものであり、
○中央会が、県内の中小企業の動向に明るく、広くネットワークを
　有するとともに、支援ノウハウにも長けていたこと
○中央会では、本事業を通常業務と連動する形で実施できたこと
○委託をした県による目標設定やモニタリングが機能したこと
等から、相応の活用件数が確保され、目的とする政策の実現にもつながっている。

　なお、地域資源の活用が要件となっているため活用できる事業が限定されていること、連携機関からの事業者発掘にかかる強力なバックアップが少なかったこともあり、次第に活用を検討できる事業は減少を余儀なくされている。

　また、当該事業は、地場産品の開発・発掘から販路拡大に至る県の産業政策・中小企業政策全体の中で設計されたものではないため、事業者の資金調達とファン獲得のきっかけづくりで終わってしまっており、完成した商品・サービスの販路拡大、それを通じた地場企業の育成といったところにまでつながるには至っていない。

第12章 政策実現型クラウドファンディングの効果（総括）と今後の課題[81]

1 政策実現型クラウドファンディングの効果の総括

地方自治体が資金面、情報面等から支援したことで、民間主体がクラウドファンディングを活用することができるようになり、それにより得られた効果について、事例研究（第7章で取り上げた事例を含む）をもとに検証した結果、明らかになった点を総括する（表3-5）。

1 資金調達の円滑化・多様化

地方自治体の支援により、事業者にとってはクラウドファンディングが活用しやすいものとなり、その結果、必要とする資金が金融機関からの融資や行政からの補助金とは異なる方法で確保され、全般的に資金調達の円滑化・多様化につなげることができている。

2 共感する事業に対する市民の参加機会の拡大

地方自治体の支援により、多くの地域の特性を活かした、市民のニーズにマッチした事業におけるクラウドファンディングが実現したことで、これらの事業に共感した多数の方々が参加・協力する機会を得ることが可能になっている。また、事業者も自らの行う事業に共感したファンを獲得する機会を得ている。

一方、以下の理由から、資金提供者の大半が首都圏を中心とする当該地域外の方々となり、地域外の方々にとっては共感する事業への参加機会が得られた反面、当該地域の市民の参加機会は限定的に

なっているケースが多くみられる。

○特に投資型を採用した場合、選定した仲介業者の主要な顧客層が首都圏中心であり、これらの層に対する情報提供・PRがメインになったこと

○地方自治体や協力機関等において、当該地域の市民に対する積極的なPRが十分になされていないこと

○インターネットを使えない、もしくは使うことに抵抗のある資金提供希望者が多い地域があり、デジタル・ディバイドが顕在化したこと

3　事業に対する当事者意識の醸成・深化

　クラウドファンディングを通じて協力した資金提供者には、当該事業に対する当事者意識・応援意識が生まれており、商品が完成した満足感を得ることができていることに加え、事業者においても当事者意識をもった支援者を獲得することにつながっている。

　一方、こうした資金提供者の当事者意識を深化させた上で活用し、事業者が販路拡大や商品のブラッシュアップ等につなげる取り組みを行うまでには至っていない。

4　事業に対する意欲と規律の向上

　クラウドファンディングを活用した事業者は、地域内外の多数の方々から資金提供を受けたことにより、資金提供者の想いに応えようと事業意欲が強まるとともに、提供された資金を大切に使わなければならないというコスト意識も高まるものとなっており、事業に対する意欲と規律が醸成されることにつながっている。

5　資金提供者と事業者の関係構築

　クラウドファンディングにより資金提供を受けた事業において、当事者意識をもつことになった資金提供者に対し、

表3-5　政策実現型クラウドファンディングの効果の検証結果（事例研究の総括）

	ならクラウドファンディング活用支援事業	くしろ応援ファンド事業
効　果		
①資金調達の円滑化・多様化	あり	あり
②共感する事業に対する市民の参加機会の拡大	県外者：あり 県内者：限定的	市外者：あり 市内者：限定的
③事業に対する当事者意識の醸成・深化	○あり ○当事者意識を活用した事業展開は不足	○あり ○当事者意識を活用した事業展開は不足
④事業に対する意欲と規律の向上	あり	あり
⑤資金提供者と事業者の関係構築	関係性を強める取り組みの不足 →事業展開への活用の不足	関係性を強める取り組みの不足 →事業展開への活用の不足
⑥地域内における資金循環と域外資金の吸引	○県内の資金循環：限定的 ○県外資金の吸引：あり	○市内の資金循環：限定的 ○市外資金の吸引：あり
⑦その他	－	魅力的な商品の開発
問題点		
活用事業の不足	活用事業の不足→政策効果は限定的	活用事業の不足→政策効果は限定的
完成した商品にかかるPRの不足	PRの不足	PRの不足
その他	－	－

（出所）筆者作成。

○完成した商品の特徴、想いやこだわり、感謝の気持ち等の伝達
○完成した商品を生産する現場、生産された商品等を体験する機会の設定（イベント開催を含む）
○商品の改善等に向けてアドバイスを得る機会の設定
など、両者の関係性を強めるための取り組みはほとんど行われていない。その結果、せっかく芽生えた資金提供者の当事者意識をより強固にし、それを活用することにより、商品の販路拡大や商品のブラッシュアップ等につなげることはできていない状況にある[82]。
　これは、自治体や協力機関等がクラウドファンディング活用事業者に対し、資金提供者に当事者意識を強くもってもらう必要性、そのために資金提供者との関係性を構築することの必要性等について十分に伝えることができておらず、事業者がこうした意識を十分に

岡山ふるさと投資応援事業	第7章事例		
			効　果
あり（さほど大きくはない）	あり	①資金調達の円滑化・多様化	
県外者：（投資型）あり、（購入型）限定的 県内者：（投資型）限定的、（購入型）あり		②共感する事業に対する 　市民の参加機会の拡大	
○あり ○当事者意識を活用した事業展開は不足	あり	③事業に対する 　当事者意識の醸成・深化	
あり	あり	④事業に対する意欲と規律の向上	
資金提供者に事業の報告は行っているものの、関係性 を強める取り組みは不足 →事業展開への活用の不足		⑤資金提供者と事業者の関係構築	
○県内の資金循環：（投資型）限定的、（購入型）あり ○県外資金の吸引：（投資型）あり、（購入型）限定的		⑥地域内における資金循環 　と域外資金の吸引	
－		⑦その他	
			問題点
○多くの活用を実現→政策効果を発揮 ○次第に活用検討事業が減少		活用事業の不足	
ある程度のPRを実施		完成した商品にかかるPRの不足	
事業者の資金調達とファン獲得のきっかけづくりで終了 ←県の産業政策・中小企業政策における位置付けが 不明確		その他	

もつに至っていないことによるものと考えられる。

6　地域内における資金循環と域外資金の吸引

　前記のとおり、特に投資型においては、資金提供者の多くが首都
圏を中心とする地域外の方々であるため、域外資金の吸引を図るこ
とができている一方、域内における資金循環にはつながっていない。

7　その他

　クラウドファンディング活用事業者と仲介業者における連携のも
と、仲介業者のネットワークを活かした魅力的な商品の開発が実現
するという効果があらわれたケースもある。

8　活用に当たっての問題点

（1）活用事業の不足

　地方自治体が地域の事業者のクラウドファンディング活用を支援する政策実現型クラウドファンディングにおいては、多くの活用実績をあげているケースがある一方、思いのほか活用が進まず政策の実現につながっていないケースも見受けられる。このように活用実績に差が生まれている要因について、活用実績をあげるという視点から捉えると、以下の点があげられる。

○自治体が支援機関を活用することにより、支援機関のもつネットワーク、専門性・ノウハウ等を発揮してもらうとともに、通常業務と連動した取り組みが行われていること

○その際、支援機関自体がクラウドファンディングの意義や効果を十分に理解し、活用する事業者の発掘に向け積極的な取り組みを行っていること。また、自治体が目標設定やモニタリング等を通じて支援機関の活動に関与し、連携しながら推進していること

○単に事業者に対して補助金を支出し初期費用の軽減を図るだけではなく、①クラウドファンディングの認知度の向上・浸透、②クラウドファンディングを活用するための計画作成には、情報面等の支援が欠かせないこと。実際に、自治体が資金面の支援をせず情報面等の支援を行うだけでも、高い効果が生まれていること

○そのためには、仲介業者への委託等を通じ、仲介業者のノウハウ等を活用することも有効なこと

○地域の金融機関や経済団体と連携し、そのネットワークやノウハウ等を活用する地域一体となった取り組みを進める体制を構築すること。その際、当該機関がクラウドファンディングの意義等を熟知し、組織として熱意をもって事業者発掘に取り組むこと

○政策実現型クラウドファンディングを、一つの自治体だけではなく、複数の自治体が広域的に連携することも選択肢の一つとなること

（2）クラウドファンディング終了後の支援の不足

　クラウドファンディングを活用することにより完成した商品・サービスについて、自治体、協力機関等が連携して広くPRする取り組みはほとんど行われていない。加えて、自治体による他の支援策も特段用意されていないため、クラウドファンディングを活用した効果は事業者の資金調達とファン獲得のきっかけづくり等にとどまり、販路拡大等を通じた地域企業の育成、産業の発展という政策実現には十分に寄与するものとはなっていない。

2 政策実現型クラウドファンディングの効果を高めるための課題

　このように、地方自治体が政策実現型クラウドファンディングを実際に活用した結果、

○事業者の資金調達の円滑化・多様化、共感する事業に対する地域外の方々の参加機会の拡大、資金提供による当事者意識の醸成、事業に対する意欲と規律の向上、地域外からの資金の吸引という効果が得られたこと

○その反面、共感する事業に対する地域内の市民の参加機会の拡大、事業者と資金提供者との関係性の構築と当事者意識の深化、地域内における資金循環といった効果は不十分であること

○市民から共感を得やすい事業等を対象事業として選定するとともに、熱意のある支援機関や仲介機関のネットワークやノウハウ等を十分に活用すること、地域の金融機関・経済団体など協力機関と効果的な連携を図ること等が、クラウドファンディングを活用する事業の増加につながり、目標とする政策の実現に寄与すること

○一方、当該事業により完成した商品・サービスにかかるPR等が不足し、販路拡大等につなげられていないこと

等が明らかになった。

これらとその背景を踏まえると、今後、地方自治体が政策実現型クラウドファンディングを活用し、政策的な効果を一層高めるためには、

○資金の使途が明確化され、地域内外の不特定多数の市民のニーズにマッチした共感を得やすい事業の選定

○当該地方自治体に居住する市民の参加機会の拡大とそれに伴う資金の域内循環の促進

○事業者と資金提供者間における関係性の強化とその関係性等を活用した事業展開

○地域内の企業と強力なネットワークをもつ支援機関、協力機関、仲介業者等と連携し、地域が一体となって意欲をもち取り組む推進体制の構築

○クラウドファンディング後における支援の充実

等が求められる。

　それを実現するために必要となる主な課題について考察すると、以下のとおりである。

1　地方自治体における主体的な周知・PR 等の強化

　地方自治体がクラウドファンディングを活用して政策実現を図っていくためには、まず自治体自身が以下のとおり本事業に積極的に関わり、関係者に対する周知・PR を徹底する必要がある。

〈対事業者〉

　いまだクラウドファンディングを活用する事業が多いとは言えない現状を踏まえるならば、自治体自身が関係部門間の連携を図りつつ、事業者に対し、政策実現型クラウドファンディングの特徴、効果、メリット等について多面的に周知し、活用事業者の発掘を図っていくことが求められる。

　加えて、事業者がクラウドファンディングを活用した事業を推進

していくに当たり、当事者意識の芽生えた資金提供者との関係性を築くことの重要性、強い関係性の築き方・活かし方等について、地方自治体が事業者に周知することが不可欠である。これを通じ、事業者が資金提供者と密接な関係性を築き、強固となった当事者意識を活かした販路開拓や商品のブラッシュアップ等につなげてもらうことが求められる。

〈対市民・資金提供者〉

クラウドファンディングを活用する事業に対し、当該自治体に居住する市民の資金提供が少ないケースが多い現状に鑑みれば、地方自治体自らが市民に対し当該事業や資金募集の積極的な周知を図ることにより、当該自治体居住者の参加機会を確保し、資金の域内循環につなげていくことが必要である。

また、実際に資金提供をしてくれた方に対し、地方自治体が当該地域に関する情報を発信し、事業者のみならず当該地域との関係性を築いていく取り組み（地域のファン形成）も、当該地域の地場産品の購入、観光による来訪等につなげる上で重要な視点となる。

〈その他〉

地場企業・産業の育成や移出の拡大といった政策の実現を図っていくためには、クラウドファンディングを活用した事業によって完成した商品・サービスについて、地方自治体自らが様々なチャンネルを通じて積極的な PR を図り、その販売増につなげていくことも求められる。

2　支援機関、協力機関・仲介業者との連携強化と動機付け

こうした地方自治体自身の主体的な取り組みには限界がある場合も多い。このため、ネットワークや専門性・ノウハウ等を備えた地域の支援機関を活用するとともに、地域の金融機関・経済団体等

（協力機関）、仲介業者とも密接な連携を図り、前記で示した、

○事業者に対するクラウドファンディング活用事業の特徴やメリット等の周知と事業者の発掘

○事業者に対する資金提供者との関係性を築くことの重要性、強い関係性の築き方・活かし方等の周知

○当該自治体に居住する市民に対する当該事業や資金募集に関するPR

○資金提供者に対する地域情報等の発信

○マーケット等に対する完成した商品のPR

等について、積極的に取り組んでもらう必要がある。

　そのためには、地方自治体が支援機関、協力機関、仲介業者と当該事業の意義を共有しながら地域一体となって取り組む体制を整えるとともに、支援機関、協力機関、仲介業者においてこうした取り組みを推進する動機が働く、以下のような仕組みを設けることも検討することが必要である。

〈支援機関〉

○地方自治体が支援機関に当該業務を委託する際に、目標設定やモニタリングなどを通じて関与する仕組みを設けること

○本事業の意義や支援機関業務との関連性等にかかる支援機関の理解を深め、自主的に熱意をもって取り組んでもらう土壌づくりをすること

〈協力機関〉

○本事業が協力機関自身の業務と密接に関連しており、本事業の推進が本業にも寄与することについて理解を深めること

○上記を踏まえ、協力機関が組織として本事業に協力することについて明確に位置付けてもらうとともに、実際に事業の発掘やアドバイス等を担う担当者クラスの理解を深める機会を設けること

○協力機関が一堂に会し各機関における上記取り組みの実績について報告することで、相互にモニタリングする仕組みをつくること

○協力機関が事業者を発掘しファンド組成等に至った場合に、地方自治体あるいは仲介業者が手数料を支払うなど、協力機関が前向きに取り組むことにつながるインセンティブの設定についても検討すること

〈仲介業者〉

○仲介業者の選定時に、事業者の発掘をはじめとする取り組みについて、仲介業者の知恵・ノウハウ等を十分に発揮した実効性の高い提案を促す仕組みを設けること

○地方自治体が仲介業者における取り組みの成果をモニタリングし、成果に連動して委託費や補助金等を支払う成果連動型の仕組み（PFS）を導入すること

3　当該地域の市民が参加しやすい環境の整備

　当該自治体に居住する市民の資金提供を促し、市民の参加機会の拡大と資金の域内循環につなげるためには、地方自治体が支援機関・協力機関等と連携し市民に対する周知の徹底を図ることに加え、例えば以下のような市民がより参加しやすい環境を整えることについて検討することも重要である。

○地域によってはデジタル・ディバイドが存在し、共感する事業に資金を提供したくとも、インターネットを使えない、もしくは使うことに抵抗があるためクラウドファンディングの活用に至らないケースが見受けられることを踏まえ、地域金融機関における窓口販売、金融機関からの振込の容認、地域金融機関をはじめとする協力機関におけるインターネットによる申込を補助する体制の整備など、これら市民が資金提供を行いやすい仕組みを設けること

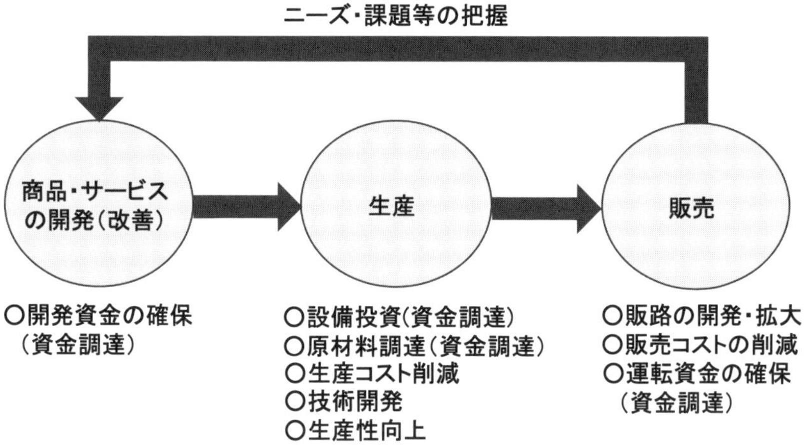

図3-6　商品・サービスの生産・販売の流れとクラウドファンディング（再掲）

（出所）筆者作成。

○当該自治体の市民に限定した特典を用意するなど、市民が資金提供を行うインセンティブをもつ対応を図ること[83]

　なお、こうした環境整備を図るに当たっては、当該地方自治体に居住する市民と居住しない市民のどちらをどの程度優先するのかについて、十分に議論し合意を得ることが必要である。

4　産業政策等における位置付けの明確化

　クラウドファンディングの活用を、事業者の資金調達とファン獲得のきっかけづくりだけに終わらせないために、当該自治体における産業政策・中小企業政策の中でクラウドファンディングを明確に位置付けることが必要である。その上で、商品・サービスの開発、生産、販売に至る事業全体（図3-6）を支援するためのパッケージを設け、クラウドファンディングを活用しつつ、総合的に地域の産業の育成・発展を図る体制を整えていくことが重要である。

注

71　佐野（2021）参照。

72　クラウドファンディングによる調達額については、概ね5 ～ 30百万円としている。

73　佐野（2019b）、佐野（2021）参照。

74　当時、筆者が釧路公立大学地域経済研究センター長を務めており、当該くしろ応援ファンド事業の設計に関与している。

75　このうち2件は、一つの事業を2件に分割して募集し、ファンド組成がなされたものである。

76　これに対処すべく、釧路市では仲介業者に委託する内容・方法を、実際に事業を発掘しファンドを組成した件数に応じて委託費を支払う成果連動型の要素も取り入れる形に変更している。

77　これに対処すべく、釧路市では、活用事業の募集・選定を年1回から、数回に分けて対応するよう制度を変更している。

78　佐野（2021）参照。

79　クラウドファンディングによる調達額については、投資型の場合には概ね5 ～ 20百万円、購入型の場合には概ね0.5 ～ 2.5百万円としている。

80　満額達成時に、手数料の60％相当額か目標額の15％のいずれか少ない金額（上限：200千円）が補助される。

81　佐野（2019b）、佐野（2021）参照。

82　資金提供者に対する当該事業の進捗状況や経過の報告については、行われている例と行われていない例がある。

83　当該自治体に居住する市民とそれ以外の市民とで分配（配当率）に差を付け、居住する市民を優遇するという方法も考え得るが、「リスクに見合ったリターン」というファイナンスの考え方には反することになる。

参考文献

赤井厚雄（2019）「クラウドファンディングの動向と今後の都市・地域再生」『日本不動産学会誌』第32巻第4号　公益社団法人日本不動産学会

赤井厚雄・小松真実・松尾順介（2013）『ふるさと投資のすべて』きんざい

一般社団法人日本クラウドファンディング協会（2021）『クラウドファンディング市場調査報告書』

井上徹（2017）「クラウドファンディングを巡る諸問題：展望」『横浜経営研究』第38巻第2号　横浜国立大学経営学部横浜経営学会

井上徹（2020）「我が国におけるクラウドファンディングの課題と可能性」『季刊個人金融』2020秋号　一般財団法人ゆうちょ財団

川上清市（2015）『クラウドファンディング成功の秘訣』秀和システム

川村崇軌（2022）『自治体連携によるSIBの効果に関する研究』大阪市立大学大学院都市経営研究科修士論文

環境省（2020）『動物愛護管理行政事務提要（令和2年度版）』

京都市（2017）『平成28年度京町家まちづくり調査追跡調査』

経済産業省・ケイスリー株式会社（2022）『ソーシャルインパクトボンド（SIB）の手法を用いた新たながん検診の個別受診勧奨業務最終評価結果を踏まえた事業総括』

公益財団法人大阪府市町村振興協会おおさか市町村職員研修研究センター（2018）『クラウドファンディングによる地域活性化研究会講演録集』

佐々木敦也（2016）『ザ・クラウドファンディング』金融財政事情研究会

佐野修久（2004）「PPPとは」日本政策投資銀行地域企画チーム編著『PPPで始める実践地域再生』ぎょうせい

佐野修久（2007a）「市民ファイナンスとは」日本政策投資銀行地域企

画チーム編著『PPPの進歩形　市民資金が地域を築く』ぎょうせい

佐野修久（2007b）「市民ファイナンスの形態」日本政策投資銀行地域企画チーム編著『PPPの進歩形　市民資金が地域を築く』ぎょうせい

佐野修久（2007c）「市民資金の意義と最近の動き」東洋大学大学院経済学研究科編著『公民連携白書2007~2008』時事通信社

佐野修久（2009）『公共サービス改革』ぎょうせい

佐野修久（2017）「クラウドファンディングと地方自治体」『地方税』第60巻第10号　地方財務協会

佐野修久（2019a）「PPPとまちづくり」佐藤道彦・佐野修久編著『まちづくりイノベーション』日本評論社

佐野修久（2019b）「地方自治体が政策実現手段として活用するクラウドファンディングの現状と課題」『年報公共政策学』第13号　北海道大学公共政策大学院

佐野修久（2019c）「地域活性化につながるふるさと納税のあり方に関する研究」『NETT』No.105　一般財団法人北海道東北地域経済総合研究所

佐野修久（2021）「地方自治体における政策実現型クラウドファンディングの効果」『Think-ing』第22号　彩の国さいたま人づくり広域連合

佐野修久・三上知也・富田学（2019）『ふるさと納税返礼品が地域経済に及ぼす影響 ―釧路市におけるふるさと納税返礼品の経済波及効果―』

中小企業庁（2020）『2020年版小規模企業白書』

日本銀行（2021）『都道府県別預金・貸出金（国内銀行）』

日本政策投資銀行地域企画チーム編著（2004）『PPPで始める実践地域再生』ぎょうせい

日本政策投資銀行地域企画チーム編著（2007）『PPPの進歩形　市民

資金が地域を築く』ぎょうせい

広島県・ケイスリー株式会社・株式会社キャンサースキャン（2021）『広域連携型 SIB の手法を用いたがん検診の個別受診勧奨　最終報告書』

藤原賢哉（2019）「クラウドファンディングの成功要因に関する実証研究」『同志社商学』第71巻　同志社大学商学会

「ふるさと投資」連絡会議（2015）『「ふるさと投資」の手引き』

慎泰俊（2012）『ソーシャルファイナンス革命』技術評論社

矢野経済研究所（2021）『国内クラウドファンディングの市場動向』

山本純子（2014）『入門クラウドファンディング』日本実業出版社

吉野直行・塩澤修平・嘉治佐保子編著（2013）『ふるさと投資ファンド』慶應義塾大学出版会

著者紹介

佐野　修久（さの　のぶひさ）

大阪公立大学大学院都市経営研究科教授

1962年北海道旭川市生まれ。

北海道大学法学部卒、東洋大学大学院経済学研究科修士課程修了。

1985年北海道東北開発公庫（現（株）日本政策投資銀行）入庫。北海道支店、地域企画部、富山事務所等で勤務後、2009年香川大学大学院地域マネジメント研究科教授、2012年釧路公立大学地域経済研究センター長・教授を経て、2018年より大阪市立大学大学院都市経営研究科教授（2022年4月より大阪市立大学は大阪公立大学に移行）。

自治大学校等の非常勤講師を務めるほか、公共経営・地域政策等に関する地方自治体・経済団体等、多数の委員を歴任。

編著書に、『まちづくりイノベーション』（共編著、日本評論社）、『公共サービス改革』『公有資産改革』『PPPの進歩形　市民資金が地域を築く』『PPPではじめる実践‘地域再生’』（以上、ぎょうせい）がある。

自治体クラウドファンディング
—地域創生のための活用策

2022年8月31日　初版発行

著　者　佐野　修久

発行者　佐久間重嘉

発行所　学 陽 書 房

〒102-0072　東京都千代田区飯田橋1-9-3
営業部／電話　03-3261-1111　FAX　03-5211-3300
編集部／電話　03-3261-1112
http://www.gakuyo.co.jp/

装幀／佐藤博
DTP 制作・印刷／精文堂印刷
製本／東京美術紙工